Kirchengeschichten

Kurt Grobecker

Kirchengeschichten
Unglaublich-Glaubwürdiges
von gottesfürchtigen und unfrommen
Hanseaten

EDITION TEMMEN

Die Deutsche Bibliothek verzeichnet diese Publikation in der Deutschen Nationalbibliografie; detaillierte bibliografische Daten sind im Internet über http://dnb.ddb.de abrufbar.

Umschlagabbildung:
Der Michel 1906 vom Bismarck-Denkmal aus gesehen (Staatsarchiv Hamburg)

© EDITION TEMMEN 2014
Hohenlohestraße 21 – 28209 Bremen
Tel. 0421-34843-0 – Fax 0421-348094
info@edition-temmen.de
www.edition-temmen.de

Alle Rechte vorbehalten
Gesamtherstellung: Edition Temmen
Printed in Hong Kong

ISBN 978-3-8378-2033-1

Inhalt

Zur Einstimmung 8

Durch »liebliche Worte bethört«:
Erschröckliches Prasseln im Schornstein 14

Ein streitbarer Diakon spaltet das Kirchenvolk:
»Seßhafte« und »Aufständer« in St. Petri 19

Die Rache der Jakobsbrüder:
Herzerschütterndes Seufzen und Wehklagen 25

Den Papisten ein Schnippchen geschlagen:
Keine Sturmglocke – aber reichlich Sturm 29

Hamburgs »Via Dolorosa«:
Der Pilgerweg zum St. Georgs-Hospital 34

»Bi Gott is allens möglich«:
Von der Verwandlung einer Salweide in einen
Palmenzweig 38

»Kiek, Pastor Buck is ook all dor!«:
Ein christlicher Seelsorger schwingt sich auf
den heidnischen Pegasus 41

Die Heiligen Drei Könige – made in Hamburg:
»Sie essen, sie trinken, und bezahlen nicht gern« 46

Mit einem geistlichen Sermon ins Vergnügen:
Von den Ehren eines »Episcopus puerorum« 51

Eine verdorrte Grabeshand »zu jedermanns Grausen«:
Vom pädagogischen Wert einer Dom-Attraktion 56

Ein Erzbischof baut sich sein »Palatium«:
Kirchliche Würde gegen weltlichen Machtanspruch ... 60

Eine »Schillingsammlung« für St. Nikolai:
Hamburgs erste Bürgerinitiative für ein
gottgefälliges Werk 66

Allianz mit der Chefetage:
Wie Maria Magdalena den Hamburgern half 72

Ein Domdekan als Spaßverderber:
Keine Konkubinen für die Geistlichkeit 78

Mit Heißwecken und »Judasohren« ins Fresskoma:
Ein voller Bauch als christliche Buße 83

Ein Misstrauensvotum gegen den lieben Gott:
St. Jakobi erhält Hamburgs erste »Wetterstange« 88

Heiße Bekehrung im kalten Norden:
Wie der Priester Poppo die Heiden mit glühenden Eisen
überzeugte 92

Das Alte Testament lässt grüßen:
Wie man auf »Ladenhütern« sitzen bleibt 96

Ein »Helf Gott« von den Blauen Schwestern:
Mit einem kräftigen Labetrunk in die
Ewigkeit befördert 101

Werbung für den lieben Gott:
Sichtbare Himmelszeichen über Alster und Elbe 106

Die Wandlung des Saulus zum Paulus:
Ein Heiliger und seine »sündigste Meile« 110

Posaunenklänge im Namen des Herrn:
Eine Armee auf Seelenfang 115

»Von nordischen Eiswinden dahingerafft«:
Wir waren Papst! 119

Über »Morgenleichen« und »Abendleichen«:
Eine Frauenquote war nicht gefragt! 124

Sternstunden auf der Grimm-Insel:
»... und sien Deern, de heet Katrin« 129

»Zur Erweckung christlicher Andacht«:
Von den Pflichten der Turm- und Sturmtüter 138

Hamburgs »Schicksalskirche«:
Zielflugorientierung für die Operation Gomorrha 142

Ein geistliches Zuchthaus mit Ausblick auf den Kiez:
»Wo ist ein Räumlein für die Jugend?« 147

Mürrisch, eigensinnig, unstet und
unpünktlich – aber genial:
Ernst Georg Sonnin vollendet den »Michel« 152

Randale um den »richtigen« Glauben:
Ein »ganzer Kerl« und evangelische Hardliner
mischen das Volk auf 158

Zur Einstimmung

»Man düchtig Meß ünner, sä de Buer, denn helpt dat Beden ook!« So lautet eine der vielen Volksweisheiten, mit denen die alten Hanseaten ihr Lebensschiff auf Kurs zu halten versuchten. Und hat es jemals ein noch so tiefgründiges Werk eines noch so tiefsinnigen Philosophen mit einer schlichten Lebensweisheit aufnehmen können, wenn es darum ging, eine einfache Wahrheit zu vermitteln?

Eine Lebensweisheit ist ja letztlich nichts anderes als ein Stück gefällig verpackten gesunden Menschenverstandes, der auf dem sicheren Boden unserer Alltagserfahrungen gewachsen ist.

So ist denn die eingangs zitierte Lebensregel nicht etwa als Misstrauensvotum gegen den lieben Gott zu verstehen. Im Gegenteil: Der Allgewaltige und Allgegenwärtige fordert seine Schäfchen dazu auf, sich gefälligst erst einmal selbst anzustrengen, bevor ER ihnen helfend unter die Arme greift.

Wie immer man sich den lieben Gott der Elbhanseaten denken mag – eine gehörige Portion Humor wird man ihm unterstellen müssen. Denn die Angewohnheit der Hamburger, sich in sehr direkten und manchmal plumpen, nicht immer einfühlsamen, aber meistens amüsanten Lebensweisheiten auszudrücken, hat auch den Allerhöchsten nur selten verschont.

In seiner grenzenlosen Güte hat ER es zugelassen und ihnen stets verziehen. Die Elbhanseaten wussten, dass sie sich immer auf ihn verlassen konnten. Auch das Unwahrscheinliche wurde so für sie zu einer realistischen Option. Sie fassten dieses unerschütterliche Gottvertrauen in die Erkenntnis: »Bi Gott is allens möglich, sä de Buer und güng mit den Wallach to'n Hingst.«

Mit einem Augenzwinkern und einem Hauch von Achselzucken mag es der liebe Gott zur Kenntnis genommen haben, wenn sich die alten Hamburger an seinem Bodenpersonal rieben. Und niemals würde er seine leitenden Angestellten hier unten auf Erden bevorzugt haben, weil das seiner göttlichen Gerechtigkeit widersprochen hätte!

Mit denen, die in der Kirchenhierarchie etwas weiter unten standen, gingen die Hamburger noch einigermaßen glimpflich um. Die Küster mussten sich allenfalls ihr untrügliches Gespür für geschäftliche Vorteile ankreiden lassen, obwohl das ja unzweifelhaft als ein sehr hanseatisches Charakteristikum auch bei der niederen Gattung des Homo hamburgensis verbreitet ist: »Ei is Ei, sä de Köster un greep no't Goosei!«, wurde schon mal gefrotzelt. Oder – nicht weniger deutlich: »Veel Kinner, veel Segen, sä de Köster, un steek den Döpschilling in de Tasch.« Sehr viel schlechter kam der Küster weg, wenn man ihn sprichwörtlich auf frischer Tat ertappte: »De Klocken lüüd ick sülven, sä de Buer und stött den Köster vun sien Olsch!«

Mit einem anschaulich gewählten Bild aus der Welt des kirchlichen Lebens verspottete man im alten Hamburg diejenigen, die sich mit fremden Federn zu schmücken trachteten, und hielt ihnen vor: »Vondoog hefft wi fein speelt, sä de Balgenpedder to'n Organisten.«

Was die alten Hamburger von ihren Pastoren hielten, ist vielfältig belegt: Sie hatten wenig Respekt vor ihnen und gewährten ihnen keinerlei Anspruch auf geistliche Immunität. Das ärgerlichste Vergehen, dessen sich einer der würdigen Herren mit der stets frisch gebügelten und gut gestärkten Halskrause schuldig machen konnte, war eine langweilige, lange Predigt. Gottes Wort liebten die Elbhanseaten kurz und knapp formuliert. Stand ein Geistlicher einmal zu lange auf der Kanzel und erwies sich dort oben in der Höhenluft seines Arbeitsplatzes als ausgesprochener »Drönbüdel«, dann lautete der treffende Kommentar: »Dat kümmt vun dat lange Predigen, sä de Paster, dor harr he in de Büx scheeten!«

Ein gewisses Maß an Respekt konnte sich der Herr Pastor – die Hamburger betonten stets die zweite Silbe – bei den alten Hanseaten dadurch verdienen, dass er sich als einer von ihnen zu erkennen gab und eine gesunde Portion an Erwerbsstreben mitbrachte. Solch löbliche Eigenschaft quittierte man hierzulande mit der Lebensweisheit: »Slechte Tieden, sä de Paster, dat kränkelt hier un dor, man dat starvt nich!«

Wenn es galt, sich die Erziehungsmaximen der Geistlichkeit zu eigen zu machen, standen unsere Herren Urgroßväter fest an der Seite des Herrn Pastors, der ihnen – zumindest verbal – vorlebte, wie die Sache funktionieren sollte: »Ick straf mien Fro mit goode Wör, sä des Paster, do hau he ehr mit de Bibel öber'n Kopp.«

Das war den alten Hamburgern so recht aus der Seele gesprochen. Ein solcher Mann war einer, mit dem man – gegen alle christlichen Gebote – Pferde stehlen konnte und dem man getrost auch seine Tochter anvertrauen mochte. Das sagte der Hamburger ganz unverhohlen und ließ auch die unbezahlbaren Vorteile einer solchen Liaison durchscheinen. Ins Poesiealbum der Junghanseatin schrieb er mit voller Überzeugung:

»*Mien Dochter, wenn du freen wullt,*
So nimm die eenen Papen.
De kann sein Brot mit Snack verdeenen
und du kannst lange slapen.«

Ein solcher Ratschlag war keineswegs nur als feine Ironie gegen die hohe Geistlichkeit zu verstehen, sondern zugleich auch als entschiedene Absage an alles Verschroben-Intellektuelle. Wer sein Geld »mit Snack« verdiente, galt in der Hansestadt an der Elbe allemal weniger als einer, der sein Gegenüber bei Handelsgeschäften gehörig über den Tisch zu ziehen verstand. Dabei waren der Heilige Geist und der Geist des Handelns einander gar nicht so fremd, wie man vermuten möchte. Sie waren ja auch recht einträchtig in ihre gemeinsame Stadt hineingewachsen.

Kaum war der Mönch Ansgar 831 zum Bischof geweiht worden, da hatten sich die »Hammaburger«

schon ihren ersten Mariendom gebaut. Unglücklicherweise aus Holz, was sicher recht gemütlich war, aber wenig praktisch. Denn als die Wikinger 14 Jahre später zündelnd und raubend die Elbe bis in die Alster hochsegelten, war es für sie ein Leichtes, das bescheidene Gotteshaus niederzubrennen.

Dem Erzbischof war der Boden im wahrsten Sinn des Wortes zu heiß. Er packte seine Sachen und verlegte sein Erzbistum nach Bremen. Weil aber das Domkapitel bei uns bestehen blieb, konnten die »Hammaburger« im 11. Jahrhundert einen neuen Anlauf riskieren und sich eine neue, dieses Mal steinerne Domkirche bauen, die bis 1248 mehrfach erweitert wurde. Nur einen Steinwurf von der Petrikirche entfernt, überlebte der Mariendom sogar die Reformation, die in Hamburg zwar recht zögerlich, aber ohne größere Randale und Bilderstürmerei vonstattenging.

Erst 1804 gerieten sie in Hamburg wieder massiv und deutlich erkennbar aneinander, die Kirche und der Kommerz. Als nämlich die Frage anstand, ob man ein so altehrwürdiges Bauwerk wie den (immer noch katholischen) Dom retten und in seine Sanierung investieren solle, entschieden sich die Hamburger angesichts der hohen Kosten gegen die Erhaltung des altersschwachen Gotteshauses und ließen es zwischen 1804 und 1807 schnöde abreißen.

Die 975 Jahre, die zwischen der Ansgar-Zeit und dem traurigen Ende des Doms liegen, markieren ein Jahrtausend hamburgischer Kirchengeschichte, das die Fachhistoriker ausgiebig und mit dem ihm gebührenden Ernst dokumentiert haben. Das ist spannend, aber nicht immer unterhaltsam. Es regt zum Nachdenken an, aber es dient nicht unbedingt der Belustigung. Es befriedigt unseren Wissensdurst, aber es vernachlässigt unser zutiefst menschliches Bedürfnis, die Sinne von Zeit zu Zeit in die Gefilde der heiteren Unverfänglichkeit zu entlassen.

Im Gegensatz zur schwergewichtigen »Kirchengeschichte« können unsere leichtfüßigen »Kirchengeschichten« einer seelischen Himmelfahrt den erforderlichen Auftrieb geben. Oft beleuchten sie einen Sachverhalt eindringlicher und geben einem Zusammenhang deutlichere Konturen, als es scharfsinnige Analysen und langatmige Essays zu tun vermögen. Sie stehen zwar immer nur für einen Teil der ganzen Wahrheit, aber sie garantieren ihren Lesern einen unterhaltsamen Zeitvertreib. Und das verdient unsere ganze Sympathie!

Durch »liebliche Worte bethört«:
Erschröckliches Prasseln im Schornstein

Es war alles andere als christliche Nächstenliebe, die in Hamburg 1390 zu einem skandalösen Kriminalfall führte, der im Kirchenmilieu anzusiedeln ist. Ein sonst recht ehrbarer Küster von St. Jakobi verstrickte sich in sein Unglück durch eine Art von liebestoller Verblendung, vor der auch Kirchenleute offenkundig nicht gefeit sind.

Noch um das Jahr 1750, so wird von Chronisten glaubhaft versichert, seien über der Haustür der Küsterei unserer Jakobikirche zwei steinerne Menschenköpfe angebracht gewesen. Zur Warnung und Abschreckung für alle »auf bösen Wegen wandelnden Menschen«.

Wohin die Geschichte die Köpfe verschlagen hat, weiß heute niemand mehr. Auch nicht, ob die in Stein gemeißelte Lektion über der Tür des Küsterhauses von den Hamburgern verstanden worden ist. Aber warum die Köpfe dort einst warnend aus der Wand herausschauten, ist uns überliefert: »Anno 1390 hat sich allhier eine abscheuliche Mordgeschichte« mit aufsehenerregenden Folgen zugetragen, schrieb ein Stadtchronist.

Im Mittelpunkt der gruseligen Tat stand eine überaus schöne, aber ziemlich böse und treulose Frau. Zyniker werden das Pleonasmus nennen.

Aber mit derart Verletzendem wollen wir unsere Kirchengeschichten nicht belasten.

Besagtes Weib hatte die Lebenslotterie dem Stadtvogt zugeschanzt. Der war mit seinem Los wohl auch so lange zufrieden gewesen, bis er seine Angetraute eines Tages in flagranti ertappte und sie – so steht es geschrieben – »strafte in Gegenwart aller, die zufällig dabei, wie er es durfte nach göttlichen und menschlichen Rechten«.

Was genau er durfte, können wir nur erahnen. Wahrscheinlich handelte er nach dem hanseatischen Grundsatz »Mannshand baven«, was bedeutete, dass ihm über seine Ehefrau ein »mäßiges Züchtigungrecht« zustand, wobei es in seinem Ermessen lag, was er für »mäßig« erachtete. Der schönen, aber treulosen Frau missfiel diese Rechtsauffassung der Hamburger Männergesellschaft, und sie beschloss, Rache zu nehmen und ihren Gatten für die ihr angetane Demütigung gehörig zu bestrafen.

Als der Abend hereinbrach, gab die Frau tränenreich vor, reumütig zu sein und animierte ihren Mann, den von ihr verursachten Kummer in reichlich Wein zu ertränken. Der Arme trank so lange, bis ihm sein vom Wein schwer gewordener Kopf »seitwärts niederhing«, wie es später im Untersuchungsbericht hieß. Betrunkene Männer pflegen eine solche ebenso unbequeme wie unattraktive Haltung nach übermäßigem Weingenuss gelegentlich einzunehmen. Der gemaßregelten Frau mag dieser betrübliche Anblick ihren finsteren Entschluss erleichtert haben!

Hamburgs hochverdienter Stadtchronist Otto Beneke nahm diesen Vorgang angesichts der weiteren Entwicklung zum Anlass für eine kanzelwürdige Belehrung, wie sie einem Gottesmann nicht besser hätte einfallen können: »Merke: Man muß sich nie betrinken, absonderlich nicht auf Ärgerniß und Verdruß, und keineswegs auf Zureden eines Weibes, das man zuvor tödlich beleidigt hat.« Ein weiser Rat – nicht nur für das finstere Mittelalter, sondern auch für unsere hanseatischen Zeitgenossen am Anfang des dritten Jahrtausends!

Jedenfalls kam, was lebenserfahrene Leser natürlich längst erahnt haben: Die Frau beschloss, ihren Mann ins Jenseits zu befördern. Sie schreckte nicht einmal davor zurück, für ihre ruchlose Tat das Schwert des eigenen Mannes zu benutzen. Da sie ihm mit einem einzigen Hieb den Kopf abschlug, dürfen wir mutmaßen, dass es sich bei der Dame nicht nur um ein schönes, sondern auch um ein ziemlich handfestes hanseatisches Frauenzimmer gehandelt haben muss. Und obendrein um ein gerissenes! Denn die Frau rannte, kaum dass die Tat vollbracht war, zum Küster von St. Jakobi, der ihr – auf welche Weise können wir nur vermuten – freundschaftlich verbunden war. Sie verlangte von ihm, er solle ihr beim Beiseiteschaffen ihres nicht mehr so recht handlungsfähigen Ehemanns behilflich sein.

Der Küster, der vielleicht glaubte, der liebe Gott würde gerade einmal nicht so genau hingucken, und sich möglicherweise einen kleinen erotischen Vorteil für seine Dienstleistung erhoffte – die ja ohne wachsamen Ehemann einigermaßen risikolos einzufordern war –, schritt zu der unchristlichen Tat. »Obschon«, wie es geschrieben steht, »ihm die Haut schaudert bei Vernehmung der Mordtat, ließ er sich wirklich durch des schlechten Weibes glatt Gesicht und liebliche Worte bethören, daß er mit ihr ging, den Leichnam heraustrug und auf dem Jacobi-Kirchhof an der Mauer verscharrte«. Wo übrigens schon viele Kunstfehler des Stadtphysikus von der Mühsal des Lebens ausruhten.

Lange blieb der Stadtvogt dort allerdings nicht liegen. Nicht, dass er die Himmelfahrt angetreten hätte. Solcher Ehre wurden auch damals schon die Staatsdiener zu Recht nicht teilhaftig! Nein, es war die Angst, die unsere beiden in ruchloser Tat Verbundenen überkam, nachdem sie alle Blutspuren in mühevoller Arbeit beseitigt hatten. Es kam ihnen, so hielt der Untersuchungsbericht fest, »die Furcht an, das frische Grab möchte anderntags entdeckt werden und sie verrathen«.

Also schlichen die beiden noch einmal konspirativ zur Friedhofsmauer von St. Jakobi und gruben das verräterische Corpus Delicti wieder aus, trugen den Mann in das Haus des Küsters, »um ihn auf dem Feuerheerde zu verbrennen«. Der tote Vogt aber erwies sich als störrisch: Er wollte nicht brennen. Stattdessen verursachte die Aktion ein »so erschröckliches Prasseln im Schornstein und so pestilenzialischen Gestank«, dass die Nachbarn eine in Hamburg damals gar nicht so seltene Feuersbrunst vermuteten. Man versammelte sich vor der Haustür des Küsters, um zu löschen. Weil niemand öffnete, »machten sie großen Scandal« und schlugen die Tür ein. Was sie vorfanden, war ein kopfloser Stadtvogt, neben ihm dessen tief betrübte und Mitleid erregend jammernde Frau, die jetzt ja seine Witwe war. Neben ihr hockte der fromme Küster, der ihr dem Anschein nach Trost zusprach.

Da die Obrigkeit den beiden aber nicht traute, mussten sie bald ihr Lügen aufgeben. Beide ließen es nicht erst auf die »scharfe Frage des Büttels«, also die Folter, ankommen und bekannten sich schuldig. »Also kamen sie vor das Halsgericht, allwo der Stab über ihnen gebrochen ward, und empfingen ihren verdienten Lohn, indem das Weib lebendig verbrannt wurde, wobei das Feuer lichterloh flammte und die giftige Schlange bald zu Asche verzehrte; der Küster aber wurde ... nur erdrosselt und dann aufs Rad geflochten.«

Dies war nun keineswegs ein Privileg, wie es mittelalterliche Kirchenleute gelegentlich in Anspruch nahmen. Es war ein der Rechtslage angemessenes Urteil, denn der Jakobi-Küster hatte den Gatten ja nicht selbst umgebracht, sondern lediglich dabei geholfen, den Mord zu vertuschen.

Aber am Ende kam es auf dasselbe heraus: Tot ist tot, das galt auch damals. Und welche Motive den Kirchenmann zu seiner sicher nicht ganz selbstlosen Hilfeleistung bewogen hatten – das wussten ja nur er und der liebe Gott. Wenn Er es denn wusste. Denn schließlich kann der nicht immer und überall zugleich sein!

Ein streitbarer Diakon spaltet das Kirchenvolk:
»Seßhafte« und »Aufständer« in St. Petri

Nichts irritiert die Kirchenschäfchen mehr als ein Hirte, der aus der Reihe tanzt, und sei es auch in wohlmeinender Absicht und unter Berufung auf den lieben Gott. Wenn brave Seelenhirten für Verwirrung und Unruhe sorgten, weil sie Neuerungen einführen wollten, waren ihre Gegner immer schnell bei der Hand, ihnen die »skandalöse Störung des Gottesdienstes« vorzuwerfen.

So auch an der Schwelle zum 18. Jahrhundert, als ein Prediger namens Magister Lange den Gläubigen schier Ungeheuerliches abverlangte, sodass sich schließlich sogar der Ehrwürdige Rat unserer Stadt auf Antrag der Kirchengeschworenen zum Eingreifen genötigt sah.

Der Magister war zuvor schon andernorts aufgefallen: In Nürnberg hatte man den allzu eifrigen Mann wegen angeblicher Zänkereien aus dem Amt gejagt. 1682 kam er – wenn auch gegen mancherlei Widerstände – nach Hamburg, wo man ihn als Diakon an St. Petri beschäftigte.

Es dauerte gar nicht lange, bis der streitbare Magister auch bei uns auffällig wurde und für Unruhe sorgte. »Schon zweimal war er hier durch gerichtliche Sentenz suspendirt gewesen«, so ist es nachzulesen, »wegen einer Schmähschrift und weil er bei einer Trauung dem Ehepaare ›wohl den Heiligen Geist, nicht aber den Geist des Pastors Winckler‹, seines Kollegen an St. Petri, angewünscht hatte.«

Solche Entgleisungen mögen den Betroffenen geärgert haben, aber sie erregten noch nicht die Öffentlichkeit; denn die ließen solche Querelen unter Amtskollegen ziemlich kalt, und niemand wollte sich darüber so recht aufregen.

Sie, die Öffentlichkeit, wurde erst aufgeschreckt, als der Magister Lange eines Tages aus heiterem Himmel etwas von der Gemeinde forderte, was es in Hamburg bis dahin noch nicht gegeben hatte: Er verlangte ohne jede vorherige Ankündigung, dass sich die Gemeinde beim Beten des »Vaterunsers« von den Bänken erheben solle.

Das Gebet stehend zu verrichten, war bis dahin in Hamburg nicht üblich gewesen. In den Augen des hanseatischen Kirchenvolkes kam das einem Aufruf zur Revolution gleich! Denn in der Hansestadt war es seit Langem üblich, sich am »Vaterunser« bequem sitzend zu erbauen und »sodann zur Empfangung des Segens nicht sonder Geräusch aufzustehen«.

Die Elbestadt spielte in diesem Punkt eine Sonderrolle. In fast allen anderen protestantischen Landen wurde beim Gottesdienst so verfahren, wie es jetzt der Magister Lange auch von den Elbhanseaten verlangte. Aber man versuche einmal, sich gegen das zu stellen, was seit alters Sitte ist und damit von den Bürgern für gutes Recht gehalten wird. Da hat man ohne jeden Zweifel schlechte Karten!

Die hatte auch der aus Nürnberg zugereiste Prediger. Selbst ein Stadtchronist gab zu bedenken, wenn es doch der liebe Gott so lange in Hamburg geduldet habe, dann hätte doch auch der Magister Lange ein Auge zudrücken können. Was aber tat der Mann? Er schwamm weiterhin beharrlich gegen den Strom, indem er seine Gläubigen brüskierte und verwirrte.

Zitat aus der Chronik: »Als er die Gemeinde zum Aufstehen gefordert, und die meisten, namentlich die Frauenzimmer, ob solcher unerklärlichen Zumutung verstarret sitzen blieben, da ließ er nicht ab, ihnen zuzurufen: ›Stehet auf, stehet auf‹, dräuete auch: sie kriegen anders den Segen nicht, bis endlich Alle, obwohl in nicht geringem Unmute, sich dazu bequemen mussten.«

Der Aufsichtsbehörde – »Kirchen-Observanz« war deren offizielle Bezeichnung – stieß das sauer auf. Die Juraten zitierten den Diakon »noch selbigentags« vor ihr Gremium und ließen ihn zunächst noch in aller Freundlichkeit wissen, dass ihm nicht das Recht zustehe, »in ritualibus« etwas zu ändern. Und insbesondere das hamburgische Frauenzimmer habe es nun einmal »in ständigem christlichen Kirchengebrauch gehabt, seine Gebetsandacht sitzend und bückend zu verrichten«. So solle es auch bleiben.

Statt nun um des lieben Kirchenfriedens willen gehörig in sich zu gehen, erwies sich der Magister als aufmüpfig. Er erklärte den hohen Herren von der Kirchen-Observanz trotzig, er wolle es wegen der »jetzigen schlechten und theuren Zeiten, wie auch zur besonderen Ehre Gottes« bei seiner Praxis belassen. Um dem Skandal der Unbotmäßigkeit noch eins draufzusetzen, nutzte der Magister seine nächste Predigt, um seinen Standpunkt noch zu untermauern. Und Lange ging sogar noch einen Schritt weiter, indem er »die Juraten und ihr Collegium durch anzügliche Reden gröblich angetastet«. Vor dem »Vaterunser« hat er dann wieder die Gemeinde nachdrücklich zum Aufstehen aufgefordert, bis er seine Schäfchen schließlich lückenlos auf den Beinen hatte.

Der Bericht, den der Stadtarchivar aufgezeichnet hat, lässt die ganze Unbeugsamkeit des Mannes erahnen. »Hierauf hat ihn das Kirchen-Collegium vor sich gefordert; auf die ersten drei Ladungen ist er gar nicht erst erschienen, sondern unter schlechten Vorwänden ... ausgeblieben. Zum vierten geladen, ist er zwar gekommen, hat aber seiner Neuerung nicht entsagen wollen und schließlich erklärt: Er bleibe dabei, dass es ruchlos sei, das ›Vaterunser‹ sitzend zu vernehmen, er werde mit seinem dreimaligen Aufruf fortfahren.«

Damit aber hatte er endgültig den Bogen überspannt, und es hatte mit der ohnehin nicht sehr ausgeprägten Geduld der Kirchengeschworenen ein Ende. Als der Diakon dann auch noch begann, sich zur Untermauerung seines Ansinnens auf einige, von seinen Zeitgenossen als höchst zweifelhaft empfundene Gleichnisse zu berufen, verfassten sie eine Klageschrift. Darin malten sie das Gespenst an die Wand, die Gemeinde und mit ihr die ganze Stadt laufe Gefahr, sich in »Aufständer« und »Seßhafte« zu spalten.

Mit diesem Schriftsatz zogen sie vor den Hamburger Rat und forderten ihn auf, die skandalöse Störung des Gottesdienstes durch ein Machtwort zu beenden. Und sie legten ihren Stadtoberen ans Herz: »Dem Mag. Lange bei würcklicher Strafe zu befehlen, daß er es bei dem Herkommen, das Gebet zu verrichten, belasse, sich ungebührlicher Neuerung enthalte, keine anzüglichen Phrasen ferner gebrauche, auch keine Menschen (sonderlich das Frauenzimmer) weder verdeckt noch unverdeckt picquire und anzapfe, auch Niemanden, wie geschehen, vor Gottes Gericht citire; ingleichen: dem Ministerio, welches des Mag. Lange's Conduite in hoc passu gewiß nicht loben wird, davon Part zu geben.«

Dem Rat lag einiges am Frieden in seiner Stadt. In der zweiten Hälfte des 17. Jahrhunderts hatte es schon genug religiösen Wirbel gegeben, und so versuchte er, den Kirchenstreit zu bereinigen, indem er dem Gesuch der Kirchengeschworenen uneingeschränkt nachkam und »Wandelschaffung« anordnete.

Niemand kann sagen, wie der Streit tatsächlich ausgegangen wäre. Aber das unnachgiebige Verhalten, das der Magister Lange bis dahin an den Tag gelegt hatte, berechtigt zu der Annahme, dass er nicht so schnell klein beigeben würde. Dann aber griff der liebe Gott höchstpersönlich in den Fall ein: Am 7. Mai des folgenden Jahres berief er seinen wackeren Diener vor die Schranken seines Gerichts. Magister Lange verließ die irdische Welt.

Die Hamburger behaupteten, der streitbare Diakon habe sich in dieser Sache so sehr »changriniret«, also bekümmert und gegrämt, dass er krank wurde und deshalb das Predigen schon vor seinem Ableben aufgegeben habe. Aber das wäre sicher eine zu profane Interpretation des Vorgangs. Belassen wir es deshalb bei der weisen Vorsehung des Allmächtigen, was denn auch besser zum Sujet passt!

Die Rache der Jakobsbrüder:
Herzerschütterndes Seufzen und Wehklagen

Es ist kein Geheimnis, dass sich unser edler und wohlweiser Rat bei seinen Entscheidungen von mancherlei Rücksichten leiten ließ. Wenn da beispielsweise jemand mit einem Ratsherrn auf der Regierungsbank saß, der – sagen wir – in Grundstücken spekulierte, dann verdrehte man die Gesetze schon mal zu seinen Gunsten. In grauer Vorzeit, versteht sich! Heute wäre das natürlich undenkbar! In solchen Fällen sagten die Hamburger hinter vorgehaltener Hand, ihr Rat sei wohl von allen guten Geistern verlassen.

Einmal jedoch, dies ist nachweisbar, haben die Geister – ob es die guten oder weniger freundlichen waren, sei dahingestellt – dem Ehrwürdigen Rat eine Entscheidung abgerungen, die für unsere Stadt nicht ohne Folgen bleiben sollte. Es war die Zeit, in der die Reformation die Gemüter beunruhigte und in der unsere Stadtväter lange nicht so recht wussten, in welchen Wind sie ihr Ratsmäntelchen hängen sollten. Als sie schließlich merkten, dass die Lutherischen den Katholischen in unserer Stadt überlegen sein würden, schlugen sie sich beherzt auf die Seite der Reformation.

In Zeiten eines Umbruchs passiert so manches, das nicht passieren sollte. Heute wie damals!

Die Verfechter der neuen Glaubensrichtung machten sich daran, die Symbole der alten Ordnung zu zerstören – auch wenn das alles in Hamburg vergleichsweise unaufgeregt und mit weniger Blutvergießen vor sich ging als andernorts.

Aber immerhin: Demoliert wurde auch bei uns. 1531 war die alte Kapelle am Schaartor an der Reihe, in der eine von den Jakobsbrüdern verehrte Muttergottes stand. Altäre, Bilder und Heiligtümer wurden umgerissen und beiseitegeschafft. Das Gebäude selbst nutzte man fortan ganz profan als »Büchsenhaus«, wo Kanonen, Gewehre, Kugeln und Schießpulver aufbewahrt wurden.

Für die Stadt hatte die Säkularisierung den Vorteil, dass man das Vermögen der Jakobsbrüder zugunsten der Staatskasse einziehen konnte. »Die Kleinodien der Kapelle«, berichtet eine mittelalterliche Chronik, »darunter an Gold- und Silbersachen, viele Monstranzen, Altarkelche und Patenen, Kruzifixe, Apostelbilder usw., auch eine feine Krone, die zum St. Marienbilde gehörte; diese Kleinodien ließ der Rat an den Stadtmünzmeister Illies oder Elias Rode verkaufen.«

Lange hatten die Hamburger darüber nachgedacht, wie man die jetzt für Gottesdienste nicht mehr benötigte katholische Kapelle sinnvoll nutzen könne. 1538 war die Entscheidung gefallen, aus dem Kirchlein wurde ein Getreidemagazin.

Damit aber begannen die denkwürdigen Begebenheiten, die in der Stadt als höchst beunruhigend empfunden wurden: Die Arbeitsleute auf dem Speicher berichteten, es sei immer wieder befremdliches Gepolter zu vernehmen gewesen, das sich gar schrecklich angehört habe. Auch die hartgesottenen Wachen am Schaartor bestätigten das »bedenkliche Rumoren«, und die Nachbarn des Getreidespeichers beschwerten sich über die nächtliche Unruhe. Man habe deutlich ein Ächzen und Stöhnen vernehmen können, außerdem ein Trappeln wie von vielen Menschen und das gelegentliche Schimmern eines Lichts, besonders in den Nächten vor dem Marienfest.

Für die Hamburger war die Sache bald klar: Was da herumspukte, das waren die Geister der Jakobsbrüder. Und sogar der Heilige Ansgar, der als »Apostel des Nordens« Karriere gemacht und in der ersten Hälfte des 9. Jahrhunderts das Bistum Hamburg gegründet hatte, soll Gerüchten zufolge auf diese Weise seinen Unwillen über den Missbrauch einer von ihm geweihten Stätte durch »herzerschütterndes Seufzen und Wehklagen« kundgetan haben.

Dem Hamburger Rat wurde die Sache zunehmend unheimlich, weil der Spuk ein halbes Jahrhundert lang nicht aufhören wollte. Sollten die Geister tatsächlich übel nehmen, dass man weltlichen Zwecken zugeführt hatte, was doch eigentlich denen zustand, die vorgaben, dem lieben Gott näher zu sein als die anderen? Also gingen die Ratsherren in sich und beschlossen, »daß an dieser altgeweihten Stätte ein Waisenhaus aufgerichtet« werden solle, dem alles Vermögen der Kapelle und der Jakobsbrüderschaft zuzufließen habe. Also eine Art christlicher Wiedergutmachung an die Adresse des lieben Gottes.

Da nach rechter Kaufmannsart fein säuberlich Buch geführt worden war über das konfiszierte Vermögen, konnte alles auf Heller und Pfennig zurückgegeben werden. Außerdem wurde nach dem Rats- und Bürgerbeschluss eine neue Kapelle gebaut, die 1604 zusammen mit dem Waisenhaus fertiggestellt werden konnte.

Das ratsherrliche Gewissen war damit fürs Erste entlastet. Genützt hat es allerdings nichts; denn zuverlässigen Berichten zufolge soll es am Ort der alten Schaarkapelle – »Schaar« steht wie das englische »shore« für Gestade oder Ufer – noch um die Mitte des 18. Jahrhunderts furchterregend gespukt haben. Leider hatte man mit dem Geist des Katholizismus auch die Exorzisten aus Hamburg vertrieben. Die wären sonst sicher gerne mal mit einem Weihrauchfass vorbeigekommen.

Erst der Bau der Speicherstadt hat die bösen Geister endgültig vertrieben. Es soll allerdings Leute geben, die ganz fest mit ihrer Rückkehr rechnen. Einige behaupten sogar, sie seien längst zurück und hätten bis auf Weiteres in der Elbphilharmonie Quartier bezogen.

Den Papisten ein Schnippchen geschlagen:
Keine Sturmglocke – aber reichlich Sturm

Kirchtürme prägen die Silhouette einer Stadt. Sie definieren das unverwechselbare Gesicht eines Gemeinwesens, und es kommt zu Irritationen, wenn sie eines Tages so mir nichts, dir nichts von der Bildfläche verschwinden.

Solange ein Gotteshaus seine Dienste ohne Turm anbietet oder anbieten muss – aus welchen Gründen auch immer –, erfüllt es nicht ganz die Vorstellungen, die sich hierzulande die meisten Menschen von einer »Kirche« machen. Auch die mit Hamburgs Schifffahrt eng verbundene Nikolaikirche hatte zunächst ganz bescheiden als kleine Kapelle ohne Turm auskommen müssen. Aber schon um die Mitte des 14. Jahrhunderts konnte Abhilfe geschaffen werden, und wenig später, im Jahr 1383, erhielt St. Nikolai sogar die erste Turmuhr Hamburgs. Damit die Schäfchen immer wussten, was die Stunde geschlagen hatte.

Seit der ersten Hälfte des 16. Jahrhunderts durfte sich St. Nikolai mit einem anderen, etwas schwergewichtigeren Superlativ schmücken: Sie zierte der damals höchste Turm der Stadt. Zwar blieben die Maße immer noch um rund 20 Meter unter der heutigen Turmhöhe, aber es kamen zunehmend mehr Fremde nach Hamburg, um staunend am

Turm empor zu schauen und – wie der Architekt Julius Faulwasser später anmerkte – »seinen Ruhm im Lande zu verbreiten«.

Das Werk zur höheren Ehre Gottes scheint allerdings nicht zu allen Zeiten das Wohlwollen des Geehrten gehabt zu haben. ER hat nämlich 1589, als gerade der Astronom Tycho Brahe auf dem Wandsbeker Schloss Asyl genoss und das kopernikanische Weltbild anzuzweifeln begann, einen Blitz in die Nikolaikirche einschlagen lassen und den Turm zerstört.

Es dauerte nur vier Jahre, bis die Ratsherren und die Kirchengeschworenen der Stadt selbstbewusst einen neuen Turm präsentieren konnten. Vielleicht aber hatten sie es dabei doch allzu eilig gehabt und hinsichtlich der Statik öfter ein Auge zugedrückt. Jedenfalls musste schon ein halbes Jahrhundert später ein Bautrupp anrücken, um einen Teil des Bauwerks wieder abzutragen, weil der Turm so breite Risse aufwies, dass sich niemand mehr in die Kirche hineintraute.

Wie recht die Neustadt-Bewohner mit ihrer Zurückhaltung hatten, bewies ein nächtlicher Sturm im Dezember 1644: Der rüttelte so lange unnachgiebig an den Mauern des St. Nikolai-Turms, bis der ganze Stolz der Neustadt in sich zusammenfiel.

Was die Zeitgenossen zunächst als Katastrophe empfunden hatten, erwies sich für St. Nikolai als Glücksfall. Denn unversehens hatte der aus dem Vogtland stammende Peter Marquard die Chance, seine mit technischem Können gepaarte Fantasie in die Waagschale zu werfen. Er übernahm den Wiederaufbau und gab St. Nikolai eine der schönsten Barockhauben, die mit dazu beitrug, Hamburg das ehrenvolle Prädikat einer »Stadt des protestantischen Barock« einzubringen.

Doch auch in seiner schönsten Ausprägung musste der Nikolaiturm mancherlei Schicksalsschläge hinnehmen. Was aber waren schon ein durch drei Böden gestürztes Uhrwerk, eine durch Sturmböen verbogene Spitze, ein heruntergestürztes Dachkreuz und immer wieder einschlagende Blitze gegen das Schicksal, im Zweiten Weltkrieg als »Zielorientierung« für die Zerstörung der Stadt missbraucht zu werden?

Einmal, in der Zeit der reformatorischen Umwälzungen, hat der Turm von St. Nikolai sogar in den Lauf der Kirchengeschichte eingegriffen, den sich mancher wohl anders vorgestellt hatte. Was immer das Herz der Hamburger zu erwärmen vermochte – eine revolutionäre Flamme war es nie. Wenn sich die Sache allerdings weit genug von Alster und Elbe entfernt abspielte, demonstrierte man durchaus schon mal Interesse.

Als die Franzosen 1789 ihre Bastille gestürmt hatten und in der Illusion eines Lebens in Freiheit, Gleichheit und Brüderlichkeit schwelgten, gab es auch unter Hamburgs Geld- und Geistesadel einige Leute, die Sympathien für die Revolution hegten. Der Kaufmann Georg Heinrich Sieveking zum Beispiel, der sogar ein aufsehenerregendes Jubelfest zum Jahrestag des Ereignisses veranstaltete. Und zwar auf eigene Kosten, was ja bei einem hanseatischen Kaufmann für sich gesehen schon eine bemerkenswerte Leistung ist. Sonst aber galt: Revolution war nicht die Sache der Hamburger. Eher schon mal eine Gegenrevolution, weil dabei ja alles beim Alten bleibt! Und dann darf auch ruhig etwas Blut fließen. So jedenfalls hatten es die Wahrer der alten Ordnung zur Zeit der Reformation beschlossen.

Gefahr drohte damals vom St. Johanniskloster, das – kräftig angeheizt vom dem Dominikanermönch Hinrich Rensborg – zum Hauptzentrum der papistischen Reaktion geworden war. Die »Johannisleute« trafen sich 1528, um zu beraten, wie die Herrschaft der päpstlichen Kirche aufrechtzuerhalten sei. Sie drohten nach Art des Hauses mit Gewalt und Mord: Ihre Anhänger sollten nachts Feuer in der Stadt legen und dann die allgemeine Unruhe nutzen, um die verhassten Evangelischen niederzumetzeln.

Da gab es nur ein Problem. Was, wenn die für solche Fälle zuständige Sturmglocke von St. Nikolai frühzeitig in Gang gesetzt würde, um die Lutherischen vor dem geplanten Anschlag zu warnen? Dann wäre die Revolte vorzeitig gescheitert!

Das Problem wurde auf sehr hanseatische Weise gelöst. Man ließ das Seil der Sturmglocke einfach hochbinden, damit niemand herankommen konnte. Das war raffiniert eingefädelt: keine Sturmglocke – keine Reaktion auf die Reaktion!

Am Ende kam alles ganz anders: Der liebe Gott, dem wenigstens dieses eine Mal offenbar daran lag, Blutvergießen zu vermeiden, hatte in seiner Weisheit den Seiltrick mit der Sturmglocke durchschaut. Höchstpersönlich schickte ER »in selbiger Nacht ein solch biester Wedder von Donnern und Blitzen«, so die Cronik, dass die Leute meinten, die Welt würde untergehen.

So konnte die Revolution der Hamburger Papisten gegen die Revolution Martin Luthers verhindert werden. Was wohl beweist, dass dem lieben Gott nicht an »Knies« zwischen den beiden verfeindeten Parteien gelegen war. ER lieferte damit einen weiteren überzeugenden Beweis seiner allgegenwärtigen und grenzenlosen Weisheit, an die unser wohlweiser Hamburger Rat niemals heranreichen würde!

Hamburgs »Via Dolorosa«:
Der Pilgerweg zum St. Georgs-Hospital

Bis zur Einführung der Reformation war es vielen Hamburgern ein Bedürfnis, wenigstens einmal im Leben auf Wallfahrt zu gehen. Die meisten – darunter sogar etliche Bürgermeister – pilgerten an das Grab des Heiligen Jakobus in Santiago de Compostela in Nordspanien. Das war die bekannteste Route für alle diejenigen, die sich beim lieben Gott einen kleinen Vorsprung vor den anderen zu verschaffen hofften.

Die Anreise mit dem Schiff nach Vigo war von Hamburg aus gut zu bewältigen, wenn auch zeitaufwendig. Der Fußweg nach Compostela war da schon um einiges anstrengender. Und die Pilger konnten ja nicht mit Gewissheit sagen, ob sie die versprochene Gegenleistung für ihre Mühen wirklich bekommen würden. Die Gebeine des Apostels Jakobus, so versprach man ihnen, seien dort unter dem Hauptschiff der Kathedrale beigesetzt. Wenn das stimmte, dann waren die Relikte des Heiligen ziemlich kopflos: Im Besitz des Jakobus-Schädels zu sein, behauptete nämlich die Konkurrenz, und die sitzt in der armenischen Jakobuskathedrale in Jerusalem. Wem sollte man da Glauben schenken?

Immerhin aber konnten die Pilger bei ihrer Rückkehr nach Hamburg von einer spektakulären Schau berichten, die man ihnen in Compostela geboten hatte: Eine Handvoll kräftiger Mönche schwenkt dort (auch heute noch) ein mannshohes Weihrauchfass an einem 30 Meter langen Seil durch das ganze Kirchenschiff. Es gehört schon eine gehörige Portion Gottvertrauen dazu, mannhaft dazusitzen und nicht ängstlich den Kopf einzuziehen, wenn das »Bolafumeiro« auf seiner 70 Meter langen Bahn qualmend durch die Halle saust.

Was heutzutage gern als Effekthascherei abgetan wird, war im Mittelalter eine wohldurchdachte hygienische Maßnahme. Der Mensch verströmt nun einmal – besonders nach körperlichen Strapazen – keinen natürlichen Wohlgeruch. Und die Pilgerreise nach Compostela war ohne Zweifel anstrengend.

Kein Wunder, dass die Gläubigen nach weniger anstrengenden Pilgerwegen suchten. Die fanden sich manchmal dort, wo man sie am wenigsten vermutete: unmittelbar vor den Toren der Hansestadt. Die Gegend vor dem Steintor und dem Spitalertor war einst eine Urlandschaft, die zum größten Teil als »Borgeresch«, also als »Bürgerweide« und mithin Gemeindegrund genutzt wurde. Erst in jüngerer Zeit haben die Hamburger ihr Rindvieh auf die häufig überschwemmten Weiden des Grasbrooks getrieben.

Über das Wiesengelände vor dem Steintor führte seit Urzeiten ein schmaler und einsamer Fußweg. An diesem Pfad ließ der Schauenburger Graf Adolf III., der sich selbst an Kreuzzügen beteiligt hatte, eine Leprastation einrichten. Lepra war neben der

Syphilis die furchtbarste Krankheit des Mittelalters, eingeschleppt von den Kreuzfahrern aus dem Orient. Das von Adolf gestiftete Siechenhaus wurde dem mutigen Drachentöter St. Georg geweiht, aber die Hamburger nannten es wegen seiner bedauernswerten Bewohner »dat elende Hus up den Stege«.

Nach und nach vereinsamte der Weg, bis die Lepraerkrankungen rückläufig waren und das Haus des Heiligen Georg auch andere Kranke aufnahm. Im Laufe der Jahre verlor die Gegend ihren Schrecken und belebte sich wieder. »Besonders zur Passionszeit und sonderlich bei gutem Wetter wimmelte es hier förmlich von Menschen, groß und klein«, heißt es in einer alten Schrift. Der schmale Fußsteig durch die Urlandschaft vor dem Steintor wurde zu einem Wallfahrtsweg.

Wie es dazu gekommen war, gehört zu den Merkwürdigkeiten unserer Stadt. Man kann es in einem allerdings erst wesentlich später verfassten Bericht nachlesen: Fromme Kreuzfahrer hatten in Jerusalem genau die Strecke vom Rathaus des Pilatus bis zur Schädelstätte abgeschritten. Sie hatten sich auch die drei Plätze eingeprägt, wo Jesus der Überlieferung nach unter dem Kreuz gefallen war. Die Maße wurden metergenau auf den Weg zum St. Georgs-Spital übertragen. Man kennzeichnete die einzelnen Stationen durch fromme Bilder, setzte an das Ende eine Kreuzigungsgruppe und nannte den Pfad »Via dolorosa«.

Hamburgs Pilgerweg begann am Dom, der südlich der Petrikirche stand. Dort war ein steinernes

Bildnis aufgestellt, das die Hinausführung Christi darstellte. Die erste Station machten die Pilger am Pferdemarkt, der heute Gerhart-Hauptmann-Platz heißt, dann pilgerte man weiter am Hochgericht vorbei, etwa an die Stelle der heutigen Lilienstraße. Zum dritten Mal rasteten die Pilger auf einer Weide, genau dort, wo später der Hauptbahnhof gebaut wurde. An dieser Stelle stand angeblich ein Felsblock mit einer Reliefdarstellung der Muttergottes mit Kind und dem Gekreuzigten. Oben auf dem Stein soll ein weithin sichtbares Kreuz den Weg gewiesen haben. Das Ende des Pilgerweges wurde an der heutigen Kirchenallee durch eine in Metall getriebene Kreuzigungsgruppe markiert, die dort unter einem hölzernen Wetterdach Schutz fand.

Zu Beginn des 19. Jahrhunderts konnte man das Bild noch eingegittert neben der Dreifaltigkeitskirche an der Kirchenallee betrachten. Heute wird es in der Turmkapelle der Kirche aufbewahrt. Es zeugt von der Existenz der einstigen hamburgischen Pilgerstraße – einem Kuriosum, das die meisten Elbhanseaten nicht in ihrer Stadt vermuten werden.

»Bi Gott is allens möglich«:
Von der Verwandlung einer Salweide in einen Palmenzweig

Der Glaube kann Berge versetzen. Davon waren sogar unsere sonst nicht übermäßig wundergläubigen alten Hanseaten überzeugt. Sie sagten das nur etwas bildhafter: »Bi Gott is allens möglich, sä de Buer, dor gung he mit den Wallach to'n Hingst.«

Und weil bei Gott alles möglich ist, konnten auch die irdischen Bediensteten des lieben Gottes mancherlei vollbringen, was der Schulweisheit zuwiderlief. Zum Beispiel konnten sie eine schlichte Salix caprea, eine gemeine Salweide, so lange immer wieder zur Palme erklären, bis das gläubige Volk überzeugt war und die schönen weichen Blüten sogar staunend »Palmkätzchen« nannte.

Dabei ist die Sache eigentlich ganz einfach und entbehrt jeglichen Mysteriums. Der Palmsonntag, den die alten Hamburger »Palmedach« nannten, jener Tag, der die Osterwoche einleitet, wurde schon zu katholischer Zeit in Erinnerung an den Einzug des Erlösers in Jerusalem zum Passahfest gebührend gefeiert. An diesem für die Christenheit so wichtigen Tag weihte der Priester die Palmen. In Jerusalem gab es davon reichlich. Bei uns nicht.

Aber ein Priester wäre keiner, der seine Berufsbezeichnung verdient, wenn er nicht immer einen, sei es auch noch so kuriosen Ausweg fände. Also erklärte er mit viel Überzeugungskraft einfach zur Palme, wovon es hierzulande reichlich gibt: Weiden, Hasel und Wacholder. Unsere Hamburger Urgroßeltern stellten sie zu Hause auf und waren sogar davon überzeugt, dass ihre auf diese Weise zu Palmen geadelten Zweige einen wirksamen Schutz gegen Verhexung, Krankheit, Feuer und anderes Unglück boten – eine Art mittelalterlicher Hausrat- und Lebensversicherung mit relativ geringer Prämie.

Eine der Merkwürdigkeiten aus der Geschichte unserer Stadt stand im engen Zusammenhang mit dem Palmenkult: Das war der »Palmesel«, dessen Existenz seit 1445 überliefert ist. Es handelte sich dabei um einen hölzernen Esel auf Rädern, auf dem eine geschnitzte Figur saß. Das Ganze wurde von einem »Jesusknecht« gezogen, dem sich jedes Mal ein paar Geistliche und auch niedere Kirchenleute zugesellten. All dies galt als große Gaudi, wenn das bajuwarische Wort gestattet ist, besonders für die einfachen Leute im Kirchspiel St. Jakobi, die sich sonst nicht allzu viel leisten konnten.

Mit der Einführung der Reformation in der ersten Hälfte des 16. Jahrhunderts hatte auch für den alten Palmesel das letzte Stündlein geschlagen. Zuerst verbannten die undankbaren Hamburger ihren Esel in die Sakristei der Jakobikirche, um 1530 sollen sie ihn wieder herausgeholt und kurz und klein geschlagen haben.

Praktisch wie sie waren, haben die Hamburger die Reste ihres alten Palmesels vielleicht zum österlichen Freudenfeuer geschleppt, mit dem schon im Mittelalter jeweils am Ostersonnabend die erwachende Natur begrüßt wurde. »Hildebrand« – heiliges Feuer – nannte man das Osterfeuer, das von einem Priester gesegnet wurde und von dem sich viele Leute einen brennenden Scheit mit nach Hause nahmen, weil er Schutz gegen böse Geister bringen und dem Getreide zu besserem Wachstum verhelfen sollte.

Ob die Hamburger vor 300 Jahren noch an die Wunderwirkung des Hildebrands geglaubt haben, ist zweifelhaft. Die meisten werden darin so etwas wie ein pyrophiles Vergnügen gesehen haben. Und wie immer, wenn unsere hanseatischen Urgroßeltern so richtig Spaß haben wollten, neigten sie zu maßlosen Übertreibungen. Also erließ der Ehrwürdige Rat anno 1736 ein Mandat, in dem er rügte, »daß einige muthwillige Leute (...) sich frevelmüthiger Weise unternehmen, allerhand Holz und Brennmaterialien zusammenzuschleppen, um daraus ein mißbräuchlich sogenanntes Oster-Feuer oder Hildebrand anzuzünden, woraus nicht nur viel Unordnung entsteht, sondern auch Feuersgefahren zu besorgen ist«. Zuwiderhandelnden wurde »willkürliche Leibesstrafe« angedroht.

Genützt hat es nichts. Das Osterfeuer gibt es noch heute. Und für alle diejenigen, die den Qualm der Nachbarn ertragen müssen, ist es ein Ärgernis geblieben!

»Kiek, Pastor Buck is ook all dor!«:
Ein christlicher Seelsorger schwingt sich auf den heidnischen Pegasus

Von einem ausgewiesenen Christenmenschen, noch dazu von einem, dessen Profession es ist, Gottes Wort unter die Leute zu bringen, wird man erwarten dürfen, dass er sich heidnischer Rituale enthält. Aber einen kleinen Flirt mit der antiken Welt – nun ja, den wird ihm der liebe Gott schon erlauben. Also hat sich Pastor Franz Wilhelm Buck, dessen Pfarrhaus vor einem guten Jahrhundert am Rande des Hopfenmarktes im Schatten der Nikolaikirche stand, auf die verständnisvolle Güte seines Herrn verlassen und sich mutig auf den Pegasus geschwungen.

Dieses Pferd, dem Flügel aus den Flanken wuchsen, war in einen reinrassigen heidnischen Stammbaum hineingeboren worden. Sein Vater war kein Geringerer als Poseidon, der Gott des Meeres, seine Mutter eine Dame von eher zweifelhaftem Ruf: die schreckliche Gorgone Medusa mit den Schlangenhaaren, die jeden zu Stein erstarren ließ, der sie anblickte.

Aus dieser Liaison ging also das geflügelte Pferd hervor. Als es einmal nicht in den Lüften unterwegs war, so will es die Mythologie, hat es mit seinen Hufen im Gebirge Helikon einen Brunnen geschlagen, aus dem sich die Dichter gern ihre Inspiration antranken. Ob wirksam oder nicht – das bleibt im realitätsfernen mythologischen Gestrüpp verborgen. Die Lebenserfahrung allerdings spricht eher für die Annahme, dass man den meisten Dichtern Hochprozentigeres einflößen muss, bevor sie Literarisches produzieren können. Wie es der Nikolai-Pastor Franz Wilhelm Buck in diesem Punkt gehalten hat, wissen wir nicht. Aber sein Ritt auf dem Pegasus ist überliefert, und den hat er unbeschadet überstanden.

Von seinem Pastorat aus hatte er einen guten Ausblick auf den belebten Hopfenmarkt, und von dort bezog er außer dem Lebensnotwendigen für seinen Haushalt auch viele Anregungen für seine als anschaulich gepriesenen Predigten. »Am Markt lernt man die Leute kennen«, lautet eine der vielen Lebensweisheiten, an denen sich unsere alten Hamburger erfolgreich orientierten, auch der volkstümliche Pastor Buck. Die simple Marktpsychologie über das Kennenlernen der Menschen war in den Sockel eines Brunnens eingemeißelt, von dem herab eine stramme Vierländerin aus einem schmiedeeisernen Käfig das Marktvolk begrüßte. Dieser Brunnen stand einst am Meßberg, aber die Erkenntnis galt im gleichen Maße natürlich auch für den Hopfenmarkt, der seinen appetitanregenden Namen schon ab 1346 trug und seit dieser Zeit offiziell »forum humuli lupuli« hieß – Markt des Hopfens.

Im Mittelalter musste der Hopfen nicht von weither geholt werden. In der Stadt und vor den Toren Hamburgs gab es zahlreiche blühende Hopfengärten, auch in der Gegend der Fuhlentwiete und in der Nähe der Jakobikirche. Das St. Georgs-Hospital leistete sich bis weit in das 17. Jahrhundert hinein sogar einen besoldeten »Höppner«, der die Aufsicht führte. Hamburg war ja der bedeutendste Brauplatz Nordeuropas – in Glanzzeiten beteiligten sich mehr als 450 Bürger in ihren Häusern am Bierbrauen –, und Hopfen war einer der unverzichtbaren Rohstoffe für die Produktion des Gerstensaftes.

Deshalb erfüllte der Hopfenmarkt an der Nikolaikirche lange Zeit eine wichtige Verteilungsfunktion, übrigens nicht nur für Hopfen, der dem Bier seine Würze und die Haltbarkeit verleiht, sondern auch für alles andere. Der Hopfenmarkt war so etwas wie Hamburgs »Viktualienmarkt«. Mit Vorliebe wurde Fisch gehandelt. Entsprechend turbulent ging es am Hopfenmarkt zu.

Der Biedermeierchronist August Lewald hat die Stimmung um 1840 eindrucksvoll geschildert: »Ein Stündchen auf dem Hopfenmarkt wird den Fremden einen tiefen Blick in das Leben der unteren Hamburger Volksklassen werfen lassen und nicht ohne Nutzen und Vergnügen vorüberstreichen. Fischmärkte sind in allen Seestädten besonders interessant. Die Damen, die sich mit dem Verkaufe dieser Seeungeheuer befassen, haben ihre eigene, unauslöschliche Physiognomie und so auch hier. In langen Reihen sitzen sie da mit ihren ›grünen Aalen‹, den gelben fetten Stören, den breiten Steinbutten, den platten Schollen, den Seezungen. Hier krabbeln Krabben und Krebse, dort kriechen langweilige Seespinnen, Hummer, hier sind Silberlächse, dort begrüßen wir ›des Rochen scheußliche Ungestalt‹. Und dabei das Feilschen, Markten, Bieten, Schimpfen, Sonnenschein und Regen, Himmel und Hölle, alles in einer Minute.«

Nicht in einer Minute, wohl aber in wenigen Stunden war das Schicksal des Hopfenmarktes besiegelt, als beim Großen Brand im Mai 1842 die Flammen auch nach St. Nikolai griffen. 1874 war die Kirche samt Turm schließlich wieder aufgebaut – »nicht bodenständig hanseatisch«, wie Bischof Wölber später einmal schrieb, sondern »gleichsam gesamtdeutsch als neogotisches Gotteshaus«. So richtig hat sich das Markttreiben am Fuß der Nikolaikirche von den Folgen der Feuersbrunst nicht wieder erholt.

Endgültig hatte das letzte Stündlein des Hopfenmarktes dann 1911 geschlagen, als der Hamburger Rat ihn für überflüssig erklärte und kurzerhand aufhob. Für die traditionsbewussten Bewohner der Neustadt war das ein Schock. Auch für den guten Pastor Buck, dem hier so viele Einfälle für seine sonntäglichen Predigten gekommen waren. Ihn traf es so schwer, dass er sich mutig auf den eingangs erwähnten heidnischen Pegasus schwang und seine ganze Betrübnis in ein zu Herzen gehendes 16-strophiges Klagelied fasste:

»O Hopfenmarkt, o Hopfenmarkt,
Was ist aus dir geworden!
Du bist so still und unbelebt
Im Süden und im Norden.

Verschied'ne Trachten sah man da,
Besonders aus Vierlanden,
die einen reichen Absatz hier
mit ihren Erdbeer'n fanden.
Früh kauft' ich frischen Spargel ein,
Wollt' ihn zu Freunden tragen.
›Kiek, Pastor Buck is ook all dor!‹
Hört' ich dann oftmals sagen.
Das hab' ich dreiundzwanzig Jahr
Alltäglich angesehen.
Und da das nun ein Ende nimmt,
Muß mir's zu Herze gehen.«

Nicht nur dem braven Gottesmann ging der Verlust des Hopfenmarktes »zu Herze«. Auch den vielen Hanseaten, die hier noch zu Beginn des 20. Jahrhunderts ihren Lebensmittelpunkt hatten.

Die Heiligen Drei Könige – made in Hamburg:
»Sie essen, sie trinken, und bezahlen nicht gern«

Die PR-Strategen unserer Tage müssen vor Neid erblassen! Kaum war das neue Produkt am Markt, konnte es schon die erfolgreichste Werbekampagne aller Zeiten für sich verbuchen. Spektakulärer hätte man die gute Nachricht, die zuvor schon ein leuchtender Komet am Nachthimmel verkündet hatte, wohl kaum unter das staunende Volk bringen können. Es fehlte nur noch die Hilfe derer, die alles, was man gesehen und erfahren haben wollte, schwarz auf weiß zu Papyrus brachten, um es der Nachwelt zu überliefern. Bekanntlich ist den Evangelisten damit ein Welt-Bestseller gelungen!

Die aufregende Story, um die es hier geht, wird im Matthäus-Evangelium berichtet. Und es war schon eine Sensation, die sich da in Judäa rund um Bethlehem zugetragen hatte: Ein Kind war geboren worden. Was für sich gesehen natürlich noch nichts Besonderes ist. Dann aber schlug die große Stunde der Wahrsager und Sterndeuter. Sie kamen aus dem Osten nach Jerusalem und erkundigten sich dort nach dem »König der Juden«, dessen Geburt ihnen durch einen Stern angezeigt worden sei.

So etwas sprach sich schnell herum, und auch ein paar Opportunisten bekamen Wind davon. Diese nannten sich Caspar, Balthasar und Melchior; das

Trio war als die »drei Weisen aus dem Morgenland« unterwegs. Ihre Weisheit bestand vor allem darin, erkannt zu haben, dass es ja nichts schaden könne, sich mit einem gutzustellen, der vielleicht einmal zu den Mächtigen gehören würde. Und sei es auch nur im Himmel. So schleppten sie denn alles heran, was nach damaligen Maßstäben gut und wertvoll war: Gold, Weihrauch und Myrrhe. Die drei, die später zu den Heiligen Drei Königen promoviert werden sollten, konnten ja nicht wissen, dass derjenige, den sie beschenkten, nicht durch ein paar Geschenke korrumpierbar sein würde.

Man kennt die Geschichte; sie wird seit 2000 Jahren erzählt, vorzugsweise an Weihnachten. Weil sie ziemlich gut ist und zudem eine brauchbare Vorlage für ein recht ordentliches Geschäftsmodell liefert. Dazu müssen wir etwas weiter ausholen und zunächst in die Abgründe hanseatischen Aberglaubens eintauchen.

»De in de Twölften de Lien bespreet, mutt in't nee Johr en Dooden kleeden«, sagte man im alten Hamburg. »De Twölften«, das waren die zwölf Tage zwischen dem 24. Dezember und dem 6. Januar, dem Dreikönigstag. »De Lien«, das war die Wäscheleine. Und die alte Weisheit besagte, wer auf dieser Leine in den zwei Wochen nach Weihnachten Wäsche aufhänge, der müsse im neuen Jahr mit dem Tod eines nahen Verwandten rechnen.

Der Aberglaube wurde sehr ernst genommen. Schließlich hatte er einen praktischen Hintergrund: Wenn man die Wäsche ein paar Tage ungemacht ließ, dann konnte man seine ganze Kraft auf die Feiertage und den Jahreswechsel konzentrieren. Und damit hatten unsere hanseatischen Urgroßmütter zweifellos alle Hände voll zu tun.

Gegen Ende des 18. Jahrhunderts begannen sie, das alte Jahr mit Pauken und Trompeten zu verabschieden und das neue mit ebenso viel Lärm zu begrüßen. Wenn unsere hanseatischen Urgroßväter hinreichend mit selbst gemachtem Punsch abgefüllt waren, liefen sie in Sachen Lärm zur Höchstform auf. Da wurden eigens Nachtwächter engagiert, die – begleitet von ihren Knarren – die mitternächtliche Stunde verkünden mussten, um anschließend reich beschenkt und ziemlich besoffen nach Hause zu wanken.

Am Neujahrstag wurde, wie schon zu Weihnachten, ausgiebig geschlemmt. Ohne reichliches und ziemlich schweres Essen hatte ein Fest nach hanseatischer Einschätzung seinen Namen nicht verdient. Es gab Braunkohl und Kastanien, dazu Ochsenfleisch. Und zum Nachtisch einen Mehlpudding mit Rosinen. Der lag dann so schwer im Magen, dass man beim obligatorischen Neujahrskirchgang vor Sodbrennen nicht eindösen konnte.

Die Zeit der »Zwölften« war eine Zeit unmäßiger Völlerei, die unmittelbar an den weihnachtlichen »Vullbuksabend« anschloss. Nur mit der Arbeit ging man sparsam um. Jedenfalls bis sich der Senat anno 1837 als Spaßverderber entpuppte und den dritten Weihnachtstag wie auch den Dreikönigstag einfach mir nichts, dir nichts abschaffte.

Was er nicht abschaffen konnte, waren die Schnorrereien jener, die ihre Mitmenschen unter dem Decknamen der Heiligen Drei Könige kräftig zur Kasse baten. Das Geschäftsmodell war ganz einfach: Eine Krone aus Goldpapier, dazu eine gespitzte Holzlatte als Zepter und eine alte Kegelkugel als Reichsapfel lieferten die Insignien ihrer Königswürde. Ein Begleiter mit einem langschweifigen Kometen unterstrich die Bedeutung der Schnorrerriege, während ein mit mäßiger Sangeskunst vorgetragenes geistliches Liedchen denen ein schlechtes Gewissen einflößte, die sich einer großzügigen Spende entziehen wollten. Manch ein ehrenwerter, im Gewürz- oder Rotweinhandel erfolgreicher Hanseat sah sich auf diese Weise genötigt, die oft unansehnlichen, selbst ernannten Könige in die gute Stube zu bitten, um sie seiner Familie als Lehrstück fürs Leben zu präsentieren; getreu dem Motto: Kein Mensch ist unnütz – man kann ihn immer noch als schlechtes Beispiel für andere benutzen.

Wenn die für ihre unfreiwillige Lektion mit Kuchen, Äpfeln und Nüssen und oft auch mit ein paar Schillingen abgefundenen Heiligen das Haus verließen, fiel die ganze Gesellschaft in den Gesang ein:

*»Die Heil'gen drei König' mit ihrem Stern,
Sie essen, sie trinken, und bezahlen nicht gern.«*

Und diesen Vers hatten sie sich nicht einmal selbst ausgedacht, sondern beim Altmeister Goethe abgeguckt.

Um guten Umsatz zu machen, zogen die Schnorrer schon gleich nach Weihnachten los und blieben während der ganzen Zeit gut im Geschäft. Zwar hatte der Hamburger Rat schon 1655 ein Verbot erlassen, das er mangels gehöriger Durchschlagskraft 1666 und dann noch einmal 1704 erneuern musste. Aber erst als die Obrigkeit den Versuch aufgab, den Hamburger Bürgern etwas zu verbieten, schlief der alte Volksbrauch ganz von selbst ein. Woraus Politiker unserer Tage vielleicht eine nützliche Lehre ziehen könnten!

Mit einem geistlichen Sermon ins Vergnügen:
Von den Ehren eines »Episcopus puerorum«

Das Schriftstück, das eine Vereinbarung zwischen dem Rat und dem Domkapitel dokumentiert, stammt aus dem frühen 14. Jahrhundert: Datiert ist es auf den 7. Dezember 1305.

Gemessen an den Aufgaben, die der Rat in diesen Jahren wieder einmal zu bewältigen hatte – er arbeitete unter anderem an der Erneuerung des Hamburger Stadtrechts, dessen verbesserte Vorschriften sich insbesondere mit dem für die Stadt wichtigen Schiffs- und Seerecht befassten –, war der Kontrakt zwischen den (weltlichen) »Ehrbaren des Rates« und den (geistlichen) »Ehrwürdigen des Dom-Capitels« nur eine Bagatelle. Aber für die auf Repräsentation bedachte Elite, die sich ohne Messer, aber mit handfesten Intrigen bekämpfte wie die Signorien im mittelalterlichen Italien, war die Vereinbarung von zentraler Bedeutung.

»De eligendo episco puerorum« heißt es in den Akten, es ging also um das Wahlverfahren für einen »Kinderbischof«. Dieser Kinderbischof war eine höchst merkwürdige Institution: Im alten Hamburg wählte man am Nikolaustag aus dem Kreis der Schuljungen – und das waren damals ja nur wenige Privilegierte – einen »Bischof«, der in der Stadt drei

Wochen lang die höchsten Ehren genoss, was über die »blos närrische Würde« weit hinausging.

Das Amt, über dessen Ursprung nichts weiter bekannt ist, war so begehrt, dass unter den sonst so besonnenen Hanseaten angeblich regelrechte Familienfehden ausgetragen wurden, weil jeder Vater seinen Filius in diesem Ehrenamt zu sehen wünschte. Wahrscheinlich wären die Familienstreitigkeiten noch weiter eskaliert, wenn nicht der Rat und das Domkapitel durch ihre Vereinbarung von 1305 etwas Ruhe und Ordnung in die Sache gebracht hätten.

Das Regulativ sah vor, dass nur die in den Urkunden als »scholares canonici« bezeichneten Klassenbesten das Wahlrecht hatten. Aber wählbar war jeder Schüler dieser Musterriege. Nach hamburgischer Auffassung durfte ein Bischof also durchaus eine Nummer kleiner sein als diejenigen, die ihn wählten. Ganz umsonst war der Spaß allerdings nicht, denn der gewählte Kinderbischof hatte »für die Ehre eine gewisse Erkenntlichkeit« zu entrichten.

Während seiner kurzen »Amtszeit« genoss der Kinderbischof höchstes Ansehen. Nach den festgeschriebenen Regeln durfte man ihn weder durch Spottlieder noch durch Schmähgedichte kränken. Leute zu verhöhnen, das war im mittelalterlichen Hamburg ein allseits beliebtes und gegen jedermann gerichtetes Gesellschaftsspiel. Und das offenbar auf hohem Niveau, denn ausdrücklich war in der Vereinbarung auch von Gedichten in lateinischer Sprache die Rede. Auch wer intelligent verpackte Kränkungen über den Episcopus puerorum verbreitete, musste also mit Sanktionen rechnen.

Am Nikolaustag, dem 6. Dezember, ging die Party richtig los. An diesem Tag wurde der Kinderbischof mit großem Pomp bischöflich eingekleidet und von seinen priesterlich gewandeten Mitschülern in einer feierlichen Prozession in den Dom geführt, wo ihm ein Ehrenplatz vor dem Altar gebührte. Dann hatte er außer der »Erkenntlichkeit« auch noch eine andere Gegenleistung für die ihm erwiesenen Ehren zu erbringen: Es war seine Pflicht, einen in Versen abgefassten »bischöflichen Sermon« zu halten. Wobei die alten Hamburger unter einem »Sermon« – anders als heute – kein inhaltsleeres Geschwätz verstanden, sondern eine geschliffene Predigt. Dem Kinderbischof war freigestellt, diese Aufgabe in deutscher oder lateinischer Sprache zu meistern. Mehrheitlich aber wählten die Jungen Latein, um einen guten Eindruck zu hinterlassen und einen Beweis ihrer Bildung zu liefern.

Die Ausübung des Hohen Amtes war für den Episcopus puerorum ein anstrengendes Geschäft: An allen in seine Amtszeit fallenden Sonn- und Feiertagen hatte er sowohl zur Messe wie auch zu den abendlichen Gebetsstunden im vollen Ornat eines Bischofs zu erscheinen. Dazu hatte er die altrömische Stirnbinde der Priester und der kaiserlichen Statthalter anzulegen. Die Kirche hatte diese römische Stirnbinde als geistliches Würdezeichen übernommen.

Den Höhepunkt seiner Amtszeit markierte ein lebhafter Umzug durch die Straßen der Stadt. Der jugendliche Bischof saß hierbei im vollen Ornat auf einem Pferd. Mit unverhohlenem Entsetzen schilderten Zeitzeugen, wie der ursprünglich würdevolle Umzug nach und nach zu einem lauten Spektakel ausartete: »Dann aber schwärmte und lärmte lustig hinterdrein die ganze Schar der jungen Schüler ... in vielfachster Verkleidung, als Apostel und Heilige mit deren Attributen, als Engel, Priester, Mönche, Könige, Kurfürsten, Ritter, Ratsherren, Bürger, Schneider und Schuster, als Bauern, Kriegsleute, auch als Narren, Heiden und schwarze Mohren, ja sogar als Teufelchen.«

Ganz Hamburg war dabei auf den Beinen, als sei die Elbe zum Rhein mutiert und die Jecken von der Leine gelassen. Man ließ sich dabei keinen Schabernack und keine Albernheit entgehen. Am Schluss des Tages wurde gut und reichlich gegessen, denn ohne Schmaus war ein Hamburger Fest sein Geld nun einmal nicht wert. Und vermutlich hat manch ein Junghanseat bei der Gelegenheit seine erste Bekanntschaft mit Hochprozentigem gemacht.

Bis zum 28. Dezember blieb der von allen Schularbeiten befreite Kinderbischof in Amt und Würden. Er genoss in dieser Zeit und wohl auch darüber hinaus einen Prominentenstatus. Das Beste aber, was ihm in seiner »Amtszeit« widerfahren konnte, war, dass er »innerhalb derselben seligen Todes verfuhr«. Dann nämlich hätte er Anspruch darauf gehabt, wie ein wirklicher Bischof bestattet zu werden. Wie es scheint, hat jedoch kein Kinderbischof dieses höchste Glück je erfahren.

Eine verdorrte Grabeshand »zu jedermanns Grausen«:
Vom pädagogischen Wert einer Dom-Attraktion

Wenn man behauptet, kein Mensch sei unnütz auf dieser schönen Welt, so ist dies sicher eine gottgefällige Aussage, wenngleich der liebe Gott auf den einen oder anderen Zeitgenossen vielleicht ganz gern verzichtet hätte. Möglicherweise auch auf jemanden, der uns weit zurückführt in Hamburgs sumpfige Vergangenheit: in die Wirren jenes Jahrhunderts, in dem die dänischen Wikinger wiederholt vorbeikamen um niederzubrennen, was gerade aufgebaut worden war, und in dem das Hamburger Domstift von König Otto I. alle seine Privilegien bestätigt bekam, allen voran seine Immunität.

Tausend Jahre später hat der Domherr Andreas Meyer, letzter und anno 1844 in die Ewigkeit abberufener Kanonikus des schon zu Beginn des 19. Jahrhunderts schnöde abgerissenen Doms, Bemerkenswertes zu Protokoll gegeben. Der Mann war ja vertrauenswürdig, und wenn er sagte, er habe etwas gesehen, dann gibt es für uns keinen Grund zu zweifeln. Und der gute Doctor Meyer hat sie noch gesehen, die Furcht einflößende verdorrte Menschenhand, die jahrhundertelang auf einem Mauergesims des alten Dombauwerks gelegen und als verstaubtes Inventar höchst eigentümlichen pädagogischen Zwecken gedient hat.

Wie das mumifizierte Stück Mensch dorthin gekommen war, das liegt im Dunkel des hanseatischen Sagenschatzes verborgen. Die Spur der Überlieferung führt uns zu einem ehrlichen Ehepaar, zu Dietrich und Gieseke Voß. Beide ernährten sich rechtschaffen und erzogen ihren vielköpfigen Nachwuchs zu Gottesfurcht und Arbeitsamkeit, wie das bei einfachen Leuten oft der Fall war.

Nur einer der Söhne sollte aus der Art schlagen. Er trieb es so schlimm, dass »keine Vermahnung mit Furcht und Zittern mehr bei ihm verfing«. Dieser Hans Voß muss es – einschließlich der Missachtung seiner Eltern – so arg getrieben haben, dass man seine bösen Streiche weit über Hamburgs Grenzen hinaus in Gassenhauern besang. Einer dieser Texte hat dem Zahn der Zeit widerstanden und ist erhalten geblieben:

»Hans Voß heet he,
Schelmstück weet he.
De he nich weet, de will he lehren,
Hus und Hof will he verteeren.«

Kein Wunder, dass ein solcher Nichtsnutz auch mit seinen Eltern reichlich Zoff hatte. Und eines Tages passierte, was nicht hätte passieren dürfen und was auch bei großzügigster Auslegung hanseatischer Moralkodizes nicht akzeptabel ist: Hans Voß erhob die Hand gegen seine eigene Mutter. Die Chronik weiß zu berichten, dass er »in seiner Bosheit der

Mutter die Zuchtrute wegnahm und ihr damit einen argen Streich versetzte«.

Da der liebe Gott in seiner grenzenlosen Güte den Eltern die Schmach und die Schande ersparen wollte, ihren Sohn eines Tages am hohen Galgen baumeln zu sehen, zog er den Bösewicht auf seine Weise aus dem Verkehr, indem er ihm erst Krankheit und schließlich den Tod schickte.

So weit ist die Geschichte noch nachvollziehbar. Auch die Tatsache, dass Hans Voß noch ehrenhaft auf dem Domfriedhof begraben wurde, zeugt vom Großmut kirchlicher Instanzen. Dann aber geschah höchst Merkwürdiges, was man glauben kann oder auch nicht. Einige Tage nach der Beisetzung bemerkten die Totengräber zu ihrem Entsetzen, dass da etwas aus dem Grab herauswuchs. Zuerst nur ein Finger und schließlich die ganze rechte Hand. Schnell warfen die Kuhlengräber, die eiligst zusammengeholt worden waren, noch ein paar Schaufeln Erde nach. Aber es nützte nichts. Schließlich schaufelten sie das Grab noch zwei Ellen tiefer – ohne Erfolg! Die Hand wuchs immer wieder nach.

Auch dass die armen Eltern Voß »in mancher lieben Morgen- und Abendstunde« für die Ruhe der armen Seele beteten und zur Freude der Domherren etliche kostspielige Messen im Dom lesen ließen, bremste das Wachstum der Hand nicht, die sich gegen die Mutter versündigt hatte. Immer wieder reckte sie sich aus dem Grab »zu jedermanns Entsetzen und Grausen«, wie ein Zeitzeuge emsig notierte.

Da hatte ein weiser und frommer Kanonikus am Dom eine – wie er meinte – mit seiner christlichen Lehre zu vereinbarende rettende Idee: Er ließ das Schwert des Domvogts weihen und damit die lästige Grabeshand kurzerhand absäbeln, um sie anschließend auf ein Gesims gegenüber dem hohen Domchor zu legen.

Die Hand wurde, will man der Chronik glauben, steinhart; sie verdorrte, verging aber nicht. Vorübergehend mag das Beweisstück wohl in Vergessenheit geraten sein. Aber jedes Jahr zur Adventszeit erinnerte man sich seiner. Wenn in den Kreuzgängen und Vorhallen der Weihnachtsmarkt abgehalten wurde, der unserem heutigen »Dom« seinen Namen gegeben hat, wurde die Hand als besondere Attraktion herumgereicht. Als Warnung an die Adresse der kleinen Hanseaten, die sich dem erzieherischen Willen der Eltern nicht unterordnen wollten und sich als »obstinatsch« erwiesen.

Der Chronist schmückt das Ganze noch recht bildhaft aus, wenn er uns wissen lässt: »Zur festeren Einprägung solcher nützlichen Lehre teilte der Küsterknecht dann wohl rechts und links mit der verdorrten Hand Ohrfeigen aus, daß die Kinder erschrocken und schreiend von dannen liefen.«

Und so weist uns denn die vermeintliche Hand des Hans Voß den Weg zu einer nicht zu widerlegenden Erkenntnis: Kein Mensch auf dieser Welt ist unnütz. Man kann ihn oder wenigstens Teile von ihm immer noch als schlechtes Beispiel für andere benutzen!

Ein Erzbischof baut sich sein »Palatium«:
Kirchliche Würde gegen weltlichen Machtanspruch

Nicht immer, wenn Archäologen angesichts eines Fundes in helle Aufregung geraten, wird sich der Laie in ihren Begeisterungstaumel hineinziehen lassen. Ein paar Holzsplitter, aus Hamburgs modderiger Alsterniederung gebuddelt, wird man ohnehin nur schwerlich als Reste vom Kreuz Jesu ausgeben können. Vermutlich wird man sie nicht einmal gutgläubigen Kölnern als Füllung für irgendeine goldglitzernde Monstranz andrehen können.

Nein, in unserer guten alten Hansestadt muss schon Gewichtigeres zutage kommen, um das Blut des Hanseaten in Wallung zu bringen. Das war zuletzt im Oktober 1962 der Fall. An diesem Herbsttag stockte auch den historischen Laien der Atem: Durch Zufall wurde ein Stück hamburgischer Vergangenheit freigelegt, über die es bis dahin nur spärliche Aufzeichnungen und zaghafte Spekulationen gegeben hatte.

Die Fundstelle liegt gegenüber dem Pressehaus am Speersort. Sie besteht aus Findlingen, die sich – wie bei weiteren sorgfältigen Untersuchungen festgestellt wurde – zu einem kreisförmigen Fundament zusammenfügen. Als sich die erste Aufregung gelegt und die Archäologen ihrer Sache so weit sicher waren, dass sie damit an die Öffentlichkeit gehen konnten, wurden nach und nach die Konturen der Entdeckung sichtbar: Es handelt sich um eine vier Meter starke Steinschicht, die etwa drei Meter unter dem heutigen Straßenniveau liegt. Das Innere des ringförmigen, aus unbehauenen Steinen zusammengefügten Fundaments hat einen Durchmesser von vier Metern. In unmittelbarer Nähe befindet sich ein zweiter, kleinerer Ring, der einst einen Brunnenschacht umschloss. Vermittels einiger weniger Tonscherben, die an dieser Fundstelle ausgegraben wurden, datierten die Fachleute das Bauwerk auf das 11. Jahrhundert.

Bis zu diesem Zeitpunkt im Herbst 1962 war es umstritten gewesen, ob es zu einem so frühen Zeitpunkt in Hamburg schon profane Steinbauten gegeben hatte. Jetzt wusste man es!

Bei den Überlegungen, um welchen Bau es sich hier in unmittelbarer Nähe der »Hammaburg« handeln könnte, gab es einen wichtigen Anhaltspunkt: Die Fundamente, die unzweifelhaft zu einem Turm gehört hatten, lagen innerhalb der »Dom-Immunität«. Dies war ein geistlicher Schutzbezirk, der üblicherweise mittelalterliche Domkirchen abschirmte und sie den Zugriffsmöglichkeiten der weltlichen Herrschaft entzog.

So gab es für die Experten keinen Zweifel, dass die Bauarbeiter auf die Reste des »Bischofsturms« gestoßen waren, den der Erzbischof Alebrand zwischen 1035 und 1043 hatte bauen lassen. Es sollte sein »Palatium« werden. Alebrand stammte aus Köln und wollte, wie der Historiker Jörgen Bracker lapidar anmerkt, sich ein klein wenig von der Urbanität Kölns auch für Hamburg und die Residenz in Bremen sichern. Deshalb ließ er so aufwendig bauen.

Den Standort des Turms hatte der Bischof strategisch gut gewählt: Er befand sich an der damals höchsten Stelle Hamburgs und grenzte an die alte Stadtbefestigung, den sogenannten Heidenwall. Die Archäologen gehen angesichts der Fundamentstärke des Turms davon aus, dass es sich bei dem Bischofsturm um ein zweigeschossiges Bauwerk handelte. In der Regel hatten solche Türme im ersten Geschoss einen Eingang, der nur über eine Leiter zu erreichen war oder über eine leicht gebaute Holztreppe, die bei einem feindlichen Überfall schnell zum eigenen Schutz zerstört werden konnte – potenziellen Angreifern wurde der Einstieg dadurch erschwert.

Wir wissen nicht, was sich der Bischof dabei gedacht hat, als er den Auftrag zum Bau seines Turms gab. Aber er wird ähnlich getickt haben wie seine Chefs in Rom, die sich – wenn auch in großzügigerem Maßstab – ihre ursprünglich als Mausoleum errichtete Engelsburg teilweise mit prachtvollen Wohnungen ausstatten ließen. So pompös durfte es hierzulande nicht sein. Ketzer vom Kaliber eines Giordano Bruno, eines Galileo Galilei und eines Alessandro Cagliostro, die man hier hinter dicken Festungsmauern hätte gefangen setzen müssen, gab es in der Kirchenprovinz im hohen Norden ohnehin nicht. Aber einen ganz kleinen Hauch von

Engelsburg darf der Bischofsturm im Sumpfgelände zwischen Alster und Elbe doch für sich beanspruchen.

Das Wiederauffinden der Turmreste im Jahr 1962 gab den Wissenschaftlern interessante Einblicke in die Bautechnik des 11. Jahrhunderts. Die für das Fundament verwendeten Steine waren mit Elbschlick verbunden, der unter der Erde im Laufe der Zeit steinartig verhärtet war. Für die höher gelegenen Schichten hatten die Baumeister Bezelins eine Muschelkalkmischung verwendet, mit der sie die Außenwände des Wohn- und Wehrturms verfugt hatten. Wäre Bezelin nicht bald darauf gestorben, hätte er möglicherweise seinen Plan verwirklicht, ganz Hamburg mit einer Mauer zu umgeben und mit zwölf Türmen zu befestigen.

Das Werk des Erzbischofs ließ nun allerdings die weltlichen Herren der Stadt nicht ruhen. Sie hatten sich von jeher in erbitterter Konkurrenz zu den Bischöfen gesehen, die zu allem Übel auch noch von Bremen aus regierten. Bernhard II. aus dem Geschlecht der Billunger war der über Holstein, Stormarn und Hamburg herrschende Herzog mit Grafengewalt. Der Immunitätsbereich um den Dom war – sehr zu seinem Ärger – dem weltlichen Einfluss entzogen. Da wollte der gute Bernhard doch wenigstens dem Bischofsturm etwas Gleichwertiges entgegensetzen.

Etwa ab der Stelle unseres heutigen Rathauses ließ er als weithin sichtbaren Beweis seines Herrschaftsanspruchs eine wuchtige rechteckige

Hofburg errichten. Diese »Alsterburg« war dem Nachfolger Bernhards allerdings zu wenig. Im Zuge der sich zuspitzenden Feindschaft mit Adalbert, dem bedeutendsten der Erzbischöfe, der als Mann von feiner Lebensart den grobschlächtigen Provinzfürsten nicht ausstehen konnte, ließ der Herzog eine zweite Burg bauen. Als Standort dafür wählte er das Sumpfgelände am gegenüberliegenden Alsterufer unterhalb der Alsterburg seines Vorgängers, die Gefahr zunehmender Unruhe an der Slawengrenze fest im Blick. Diese »Neue Burg«, an die noch ein Straßenname an der Ruine der Nikolaikirche erinnert, war als Ringwall angelegt und dürfte allen militärischen Angriffen standgehalten haben.

Heute erinnert nur der Straßenname noch an sie. Und auch die »Alsterburg« ist den Zerstörungskräften nachfolgender Jahrhunderte zum Opfer gefallen. Nicht einmal ein paar bescheidene Reste wurden noch gefunden.

Der Bischofsturm hingegen hat uns einen schwergewichtigen Beweis seiner Existenz hinterlassen. Leider aber liegt der historisch bedeutsame Fund auf einem hochwertigen innerstädtischen Baugrund an der Ecke Speersort und Kreuslerstraße. So verbot es hanseatisches Kalkül, die Fundstelle einfach freizulegen und als Denkmal zu erhalten. Die Petrikirche, der das Grundstück gehört, baute ihr Pastorat darüber und gestattet den Fußgängern einen Blick durch manchmal schlecht geputzte Scheiben.

Und um Missverständnissen vorzubeugen: Die Passanten, die dort vornübergebeugt stehen, verbeugen sich nicht etwa vor unserer Geschichte, sondern können in aufrechter Haltung nur wenig von den archäologischen Fundstücken erkennen!

Eine »Schillingsammlung« für St. Nikolai:
Hamburgs erste Bürgerinitiative für ein gottgefälliges Werk

Acht Monate, nachdem ein Teil der blühenden Metropole an der Elbe durch ein verheerendes Feuer in Schutt und Asche gelegt worden war, wurde in Hamburg gesammelt. Seit den verhängnisvollen Maitagen des Jahres 1842 wurde immer wieder an die Spendenfreude der Elbhanseaten appelliert. Auch St. Nikolai, eine der fünf Hauptkirchen der Stadt, musste wieder aufgebaut werden.

Die ursprünglich schon unter Graf Adolf III. im 12. Jahrhundert als kleine Hafenkapelle errichtete Kirche hatte für die Hamburger einen besonderen Stellenwert, denn sie war die Kirche der Schiffer und somit aufs Engste mit dem wirtschaftlichen Aufstieg der Hansestadt verknüpft. Dem Hamburger Brand von 1842 war sie als erstes Gotteshaus der Stadt zum Opfer gefallen.

Am Himmelfahrtstag noch predigte im Mittagsgottesdienst ein Kandidat der Theologie, der den Pastor Carl Mönckeberg vertrat, über »Das Erbe, das uns behalten wird im Himmel«. Zu diesem Zeitpunkt hatte sich das in der Nacht zuvor ausgebrochene Feuer schon gefährlich dicht an die Nikolaikirche herangefressen. Die von der 300 Meter entfernten Deichstraße herüberwehenden Funken entzündeten den Turm, aber einige beherzte Männer konnten das Feuer zunächst noch unter Kontrolle bringen. Nachmittags aber stand am Turmschaft plötzlich wieder eine hohe Flamme, gegen die man mit den viel zu schwachen Spritzen nichts ausrichten konnte. Schon eine Stunde später stürzte die Turmspitze herunter.

Der Architekt Julius Faulwasser beschrieb das Ereignis 1926: »Die Glocken schmolzen, und das Kupfer fiel in großen glühenden Fetzen herab. Tausende hingen mit unverwandtem Blick an dem nie gesehenen, unerhörten Schauspiel und verfolgten den während langer Stunden dauernden Brand, bis sich endlich der Rauch verzog und das Mauerwerk inmitten der Trümmer als Ruine dastand.«

Als Ruine aber wollte Hamburg gerade diese Kirche, die dem Schutzpatron der Seefahrer und Reisenden geweiht ist, auf keinen Fall sehen. Andererseits fehlte das Geld für einen Neubau. Die Idee, wie das Werk trotz Ebbe in der Staatskasse zu bewältigen sei, hatte der Kunstmaler Hans Heinrich Porth, der vor den Toren der Stadt lebte.

Der Mann muss sich wohl an seiner Staffelei gelangweilt haben. Statt uns nämlich nennenswerte Kunstwerke zu hinterlassen, machte er eine plausible Rechnung auf, die unsere Kaufmannsseelen ohnehin besser verstanden: Hamburg zählt 200.000 Einwohner. Jeder sechste davon verfügt über ein recht ansehnliches Einkommen. Wenn also 32.000 Bürger wöchentlich nur einen einzigen Schilling spenden, dann ergibt das – vorausgesetzt, dass sich die Sammlung ohne Verwaltungskosten durchführen lässt – in zwölf Jahren mit Zins und Zinseszins genau den Betrag, den wir für den Wiederaufbau benötigen. Wir teilen die Stadt in 20 Bezirke ein, für jeden Bezirk bestimmen wir einen Vorsteher, und an jedem Mittwoch ist Sammeltag.

Und das war es denn auch schon! Hans Heinrich Porth initiierte mit der Schilling-Sammlung zugunsten der Nikolaikirche die erste große Bürgerinitiative in unserer Stadt!

Die 20 straff geführten Bezirke erleichterten es ihren Vorstehern, die Übersicht zu behalten und die Bewohner annähernd lückenlos zu erfassen. Nach zehn Monaten waren die Vorbereitungen abgeschlossen, und der neu gegründete »Nikolaikirchenbauverein« veröffentlichte folgenden mitreißenden Aufruf:

»Geliebte Mitbürger und Freunde!
Viele Hände können eine große Last oft mit geringer Mühe heben. Aus dieser bekannten Erfahrung ist der Gedanke hervorgegangen, den St. Nikolai-Kirchenbau zur Volkssache zu machen, nämlich, daß es sich jedermann zur Ehre anrechne, daran teilzunehmen. Damit dies aber auch dem Geringsten, ja selbst dem Kinde, möglich werde, so soll der Betrag dafür für die Person nur 1 Schilling wöchentlich sein. Darum, ihr Männer und Frauen, sagt es den

Kindern und Hausgenossen, Ihr Meister, sagt es den Gesellen und Arbeitern, daß wir alle gleich sind und eins. Und wie ein jeder dem anderen gleichsteht, soll ein jeder auch frei sein. Es soll keinem verdacht werden, der seinen Schilling nicht geben mag. Nur der lasse seinen Namen aufzeichnen, den sein Herz dazu drängt, und er gebe seinen Schilling, solange er will (...). So komm denn, Hamburgs Volk, baue dem Herrn, deinem Gott, der dich schirmt, sein Haus; dann baut er das deine mit Segen.«

Inzwischen waren in zähem Ringen Pläne für den Wiederaufbau erstellt worden. Aus dem Kreis der Bewerber hatte man sich für den Engländer George Gilbert Scott entschieden. Dass der Brite aus London ein Pastorensohn war, wird die Entscheidung zu seinen Gunsten kaum beeinflusst haben. Wohl aber sein Konzept: Er schlug vor, das Gotteshaus dem Zeitgeschmack entsprechend im neogotischen Stil zu errichten.

Die Schilling-Sammlung erbrachte tatsächlich den für den Bau der Kirche kalkulierten Betrag. Nur leider war der Kostenvoranschlag – die Zukunft lässt grüßen – nicht einzuhalten. Der Staat musste zuschießen. Aber wie hätte er sich seiner Verpflichtung nach dem grandiosen Bekenntnis der Bürger zu St. Nikolai auch entziehen können?

Der Grundstein für den Neubau wurde ganz in der Nähe der Stelle gelegt, an der das alte Gotteshaus gestanden hatte. Die Hamburger verstanden das Werk als ein »Denkmal des Dankes für den aus jener Trübsal entsprossenen Segen«.

32 Jahre lang wurde mit Eifer und Inbrunst gebaut. Die Elbhanseaten hatten an sich selbst und an ihre künstlerische Leistungsfähigkeit hohe Ansprüche gestellt. Es sei an der Zeit gewesen, schrieb ein Zeitzeuge, »wo der Fortbau des Kölner Doms zuerst wieder in weiteren Kreisen den Sinn für den herrlichen Kirchenstil unserer Väter erweckte«.

Wie eilig man es hatte, St. Nikolai wieder für Gottesdienste nutzen zu können, erwies sich im Jahr 1864, als das Kirchenschiff aus Sandstein und gelben Backsteinen schon fertig war, während der westliche Hauptturm mit dem Bautempo nicht Schritt halten konnte: Um trotzdem schon die ersten Andachten feiern zu können, gab der Nikolaikirchenbauverein schnell bei dem Orgelbaumeister Philipp Furtwängler in Elze eine »Notorgel« in Auftrag, die aber keineswegs ein Provisorium war, sondern von Kennern wegen ihrer neuartigen »Pariser Stimmung« gerühmt wurde.

Einhundert Jahre nach dem ersten Gottesdienst in der neogotischen Kirche jubelte Hamburgs späterer Bischof Hans-Otto Wölber so, als hätte ihn das überwältigende Ergebnis selbst ein wenig überrascht: »Eines Tages stand dann eine ganz andere Kirche da, nicht bodenständig-hanseatisch-norddeutsch, sondern gleichsam gesamtdeutsch, die Wiederholung einer der Kathedralen vergangener abendländischer Geschichte. In einer irritierenden

Aufwallung der Gefühle suchte man, ein Symbol für die Auferstehung der Stadt zu errichten. Vaterstädtischer Stolz und Patriotismus verschmolzen mit dem Pathos einer Frömmigkeit, die sich nach schwerem Schicksalsschlag des alten Glaubens erinnerte.«

Viel schöner hatte es sein Bruder in Christo, der Nikolai-Pastor Freudenberg, zur Jahreswende 1844/45 formuliert, als er über die Ästhetik gotischer Kathedralen reflektierte. Enthusiastisch hatte er sich auf den heidnischen Pegasus geschwungen und stilsicher über das Mysterium der gotischen Bauweise gereimt:

»Das ist der Münster, der mit heiligen Schauern
in Straßburg füllet jede Menschenbrust.
Das sind in Köln des Domes mächtige Mauern,
die uns ermuntern zu des Baues heiliger Lust.«

Der Zweite Weltkrieg hat auf solche überschäumenden Gefühle keine Rücksicht genommen und von St. Nikolai nur den Turm übrig gelassen, der seither als Mahnmal mit großem Aufwand erhalten wird. So steht denn der einsame Turm an einer der meistbefahrenen Straßen und verteidigt tapfer seinen Ruf, mehr als alle anderen Gotteshäuser in der alten Hansestadt die »Schicksalskirche« Hamburgs zu sein.

Allianz mit der Chefetage:
Wie Maria Magdalena den Hamburgern half

Es kam nicht allzu häufig vor, dass sich Hamburg bei der Lösung seiner politischen Probleme von einer Frau helfen ließ. Wenn überhaupt, leistete man sich einen solchen Luxus in katholischer Zeit. Dann aber bediente man sich gleich der ranghöchsten Dame, die für den Job zu bekommen war: Maria Magdalena. Das Wenige, was man von ihr wusste, konnte als überzeugende Empfehlung gelten. Maria Magdalena nämlich hatte Jesus nach Jerusalem begleitet, sie stand mit unter dem Kreuz, als sich die meisten Jünger schon abgesetzt hatten, sie half beim Begräbnis Jesu, sie entdeckte das leere Grab am Ostersonntag und war zugleich der erste Mensch, dem sich der Auferstandene offenbarte. Ihr gab er den Auftrag, die frohe Botschaft von seiner Auferstehung unter das Volk zu bringen.

Obendrein wurde gemunkelt, sie sei dem Sohn des lieben Gottes auch sonst in mancherlei Hinsicht gefällig gewesen – gar verheiratet soll sie mit ihm gewesen sein. Genaues wusste man allerdings auch hier nicht – aber irgendwas ist ja immer dran an solchen Gerüchten. Maria Magdalena jedenfalls stand für die besten Beziehungen zum Chef!

Da war es für die Hamburger eine gute Wahl, im Jahr 1227 ihren Ehrentag, den 22. Juli, für eine Offensive zu nutzen, die ihnen ihre Position als aufstrebende Handelsmacht sichern sollte. Und damit kein falscher Eindruck entsteht: In dieser Situation waren »die Hamburger« eher so etwas wie die Profiteure oder, ein bisschen freundlicher ausgedrückt, die Trittbrettfahrer der Geschichte.

Die eigentlichen Hauptakteure stellte eine Koalition aus norddeutschen Fürsten, Bischöfen und Städten. Der Erzbischof von Bremen – zuständig auch für Hamburg – war ebenso dabei wie Herzog Albrecht von Sachsen, die Grafen Adolf von Holstein und Heinrich von Schwerin, die wendischen Herren sowie ein starkes Lübecker Aufgebot. Die Verbündeten wollten sich von der Vorherrschaft der Dänen befreien, die sich in Norddeutschland als Hegemonialmacht festgesetzt hatten. Den Maria-Magdalenen-Tag des Jahres 1227 hielt die Koalition für ein geeignetes Datum, um loszuschlagen.

Das etwa 14.000 Mann starke Heer König Waldemars II. lagerte bei Bornhöved an der Schwentine östlich Neumünsters. Zwei Tage und zwei Nächte lang brachten seine deutschen Gegner ihre Heere in Stellung und bauten ihre Schlachtordnung auf: Im Mittelfeld Graf Adolf IV. von Schauenburg mit seinen Hamburgern und Holsteinern sowie 300 kaiserlichen Reitern. Am linken Flügel Herzog Albrecht von Sachsen, am rechten Graf Heinrich von Schwerin und die Lübecker unter dem Kommando ihres Bürgermeisters Alexander von Soltwedel. Truppen des Erzbischofs von Bremen bildeten die Reserve; insgesamt zählten die Verbündeten etwa 11.000 Mann.

Die Schlacht begann am frühen Morgen. Mit großer Tapferkeit, so wird berichtet, kämpften die Krieger beider Seiten, aber das Kriegsglück schien zunächst aufseiten der Dänen gewesen zu sein. Erbarmungslos brannte die Sonne und schien den Verbündeten ins Gesicht. Der Staub wurde so dicht aufgewirbelt, dass das deutsche Heer in Verwirrung geriet und »manches Fähnlein zu Boden sank«.

Die Lage schien hoffnungslos. In großer Verzweiflung kniete Graf Adolf nieder, hob seine Waffen zum Himmel und gelobte für alle vernehmbar: »Heilige Gott, ick spöre dine mächtige Hülpe un ick will ock nich undankbar erfunden werden; wenn du mi de fiende averwinnen helpest, will ick tom Denkmal diner Gnade bi den Ankamen to diner Ehren un to Andenken disser Victoria, Karken uprichten, un will mi aller menschlichen Dinge entflahen un to dinen Deenst mi selvst geven, un in een Kloster gahn.« Kurzum, wenn Gott ihm den Sieg schenkt, dann gelobt der Herzog, dass er ihm eine Kirche bauen wird und er selbst ins Kloster geht.

Das war der große Augenblick der Maria Magdalena: Sie erschien am Himmel und breitete ihren Mantel vor der Sonne aus. Dank göttlicher Hilfe wendete sich das Blatt: Die norddeutschen Koalitionäre stürmten vor und schlugen die Dänen in die Flucht.

Die Dithmarscher, von Waldemar zum Kriegsdienst gezwungen und als Reservetruppe vorgesehen, eilten dem Dänenkönig jetzt aber nicht zu

Hilfe, sondern fielen ihm in den Rücken, um ihm dem Rückweg abzuschneiden.

Die Quellen berichten übereinstimmend von einem verlustreichen Kampf für beide Seiten: »(...) ohne abzusteigen konnten die Reiter ihre Schilde ins Blut tauchen, das die Wiesen bedeckte.« Man schätzt, dass 6000–8000 Dänen auf dem Schlachtfeld starben, aufseiten der norddeutschen Verbündeten waren es etwa 3000–4000 Tote. König Waldemar war von einem Pfeil ins Auge getroffen worden. Ohnmächtig lag er am Boden, bis ihn ein Lüneburger Ritter auf sein Pferd hob und vom Kampfplatz trug.

Die wunderbare Wendung des Kriegsglücks durch das Eingreifen der Maria Magdalena ist natürlich eine Legende. Was aber wäre ein Buch über Hamburger Kirchengeschichten ohne den unerschütterlichen Glauben an Heilige, an Wunder und Legenden?

Keine Legende hingegen ist es, dass Graf Adolf Wort gehalten hat. Auf dem Platz der heutigen Börse, der ihm zu Ehren immer noch Adolfsplatz heißt, ließ der Schauenburger Graf das Franziskanerkloster Maria Magdalena errichten und trat bald darauf selbst als Mönch ein.

Übrigens wurde auch in Lübeck ein Maria-Magdalenen-Kloster errichtet; denn Bürgermeister Soltwedel hatte vor der großen Schlacht seinerseits ein ganz ähnlich lautendes Gelübde abgelegt. So berichten es die Chronisten. Und genau darin zeigt sich ein Charakteristikum aller Legenden: Sie lassen sich wunderbar reproduzieren – ganz gleich, welchen Namen man ihren Protagonisten gibt.

Eine unwiderlegbare historische Tatsache dagegen ist das Ergebnis der Schlacht von Bornhöved: Die seit einem Vierteljahrhundert bestehende Dänenherrschaft über Norddeutschland wurde beendet. Dänemark musste seine Grenze von der Elbe bis zur Eider zurücknehmen, und Hamburg gehörte wieder zum Deutschen Reich.

Für die Elbhanseaten gab es noch ein anderes wichtiges Ergebnis. Bevor sie nämlich mit Graf Adolf in die Schlacht gezogen waren, hatten sie sich noch schnell das alte Barbarossa-Privileg, den Freibrief von 1189, erneut bestätigen lassen. Darüber hinaus musste der Graf die 1216 erfolgte Vereinigung der bischöflichen Altstadt mit der gräflichen Neustadt zu einer gemeinsamen Kommune anerkennen, was sich in der Sprache der Zeit so liest: »dat Hamborg (...) eyn bliwen scal jümmermeire«.

Das wird der Graf leichter hingenommen haben als ein weiteres ihm abgerungenes Zugeständnis, dass er nämlich fortan nicht kraft seines Erbes als Graf von Holstein Herr über Hamburg sei, sondern nur aufgrund eines Vertrages, der immer wieder erneuert werden musste.

Damit die Geschichte ein halbwegs versöhnliches Ende findet, sei noch angemerkt, dass sich Graf Adolf IV. zu Johannis 1228, elf Monate nach der Schlacht von Bornhöved, mit dem Dänenkönig Waldemar zu einer Männerfreundschaft zusammenraufte. Das Pikante daran war eine Liäson, die bei dieser Gelegenheit eingefädelt wurde: Adolf vermählte seine zweite Tochter Mechthild mit dem zweiten Sohn von König Waldemar, einem Prinz Abel von Schleswig. Der brachte eine schwere Hypothek mit in die Ehe; denn er hatte in der großen Schlacht den linken Flügel der Dänen befehligt und stand mithin auf der Seite der Verlierer. Frauen mögen so etwas nicht!

Ob die Ehe seine zweite große Niederlage wurde, wissen wir nicht. Und da auch kein authentisches Bild von der Braut überliefert ist, können wir nicht einmal darüber spekulieren, ob das Ganze vielleicht doch ein grausamer Racheakt des Schauenburger Grafen an den bei den Hamburgern so verhassten Dänen gewesen ist!

Ein Domdekan als Spaßverderber:
Keine Konkubinen für die Geistlichkeit

So ein Domdekan war im Rahmen der bischöflich verfassten Kirche ein einflussreicher Mann. Während der Dompropst das Domkapitel nach außen vertrat, war der Dekan die »zweite Dignität«, die dem Domkapitel nach innen vorstand. Sein Wort hatte Gewicht. Besonders, wenn ein geistiges und geistliches Schwergewicht wie der Hamburger Albert Krantz den Posten innehatte und sich nicht scheute, auch mal den Spaßverderber zu geben. Das war am 19. September 1513 der Fall, als er die Domherren wegen ihres fortdauernden unsittlichen Lebenswandels anwies, ihrer Lieblingsbeschäftigung künftig endgültig zu entsagen.

Es war nicht das erste Mal, dass die geistliche Obrigkeit ihre zweite Reihe zur Räson rufen musste. Fast genau auf den Tag zehn Jahre früher war Kardinal Raimund Peraudi als päpstlicher Legat nach Hamburg geschickt worden, um einen Streit zu schlichten, der zwischen dem Domkapitel und dem ehrwürdigen Rat hochgekocht war. Das war zwar ein hartes Stück Arbeit, aber eigentlich ein alter Hut. Schon seit dem frühen 14. Jahrhundert war es in Hamburg immer wieder zu erbitterten Raufereien zwischen der kirchlichen und der weltlichen Macht gekommen.

Und die Streitpunkte waren seit 200 Jahren immer dieselben: Den Bürgern gingen die Privilegien der Kirchenleute gegen den Strich. Das Domkapitel stritt um das Recht, die Pfarrer in der Hansestadt einzusetzen und auch wieder abzuberufen, so wie es einem gerade in den Kram passte, um ein fettes klerikales Süppchen zu kochen. Außerdem ging es in den Diskussionen um den Einfluss des Domkapitels auf das Bildungswesen und um das Recht auf eine eigene kirchliche Gerichtsbarkeit. Was aber die Bürger im besonderen Maße aufbrachte, war das Ansinnen der Kirche, von der städtischen Vermögenssteuer befreit zu sein.

Dieses Mal aber beschränkte sich der vom päpstlichen Gesandten zu schlichtende Streit nicht nur auf die Vergünstigungen, die das Domkapitel für seine weltlichen Schätze reklamierte, und auf den beanspruchten Vorrang im Rechtswesen. Kardinal Raimund hat 1503, als sich schon die Vorboten der Reformation zu regen begannen, auch noch einen höchst delikaten Auftrag aus Rom mitgebracht: Eine strenge Visitation der geistlichen Einrichtungen, die mehr war als eine Art Kassenprüfung, obwohl Geld in Rom immer gern genommen wird. Im Vordergrund stand dieses Mal der Lebenswandel des Klerus. Die Herren nahmen es nämlich mit dem, was sie dem Volk als erstrebenswert predigten und verordneten, selbst nicht allzu genau.

Bereits drei Jahre vor dem Inspektionsbesuch des Kardinals hatten sich Hamburgs ehrbare Bürger über die Sittenlosigkeit der geistlichen Herren beschwert. Sie waren vorstellig geworden und hatten gefordert, dass die Domherren – wenn sie sich schon Konkubinen hielten – ihre Huren genauso wie die anderen »ehrlosen Weiber« mit der vorgeschriebenen Tracht einkleiden müssen.

Die »besondere Tracht« war gewissermaßen die Dienstkleidung der erotische Freuden spendenden Frauenzimmer. Jedermann in der Stadt sollte schließlich wissen, mit wem er es zu tun hatte. Und wie sich die sogenannten »ehrbaren Berufe« durch ihre Kleidung zu erkennen gaben, was beispielsweise die Zimmerleute noch heute tun, so war dies auch für die Prostituierten selbstverständlich. Nur die Konkubinen der Geistlichkeit hielten sich einfach nicht daran.

Seine Eminenz, der Kardinal, nahm die Sache selbst in Augenschein, er wollte auf der Dienstreise ja auch seinen Spaß haben. Nicht nur mit dem Hamburger Bier, für das er viele lobende Worte fand. Als sich der Kardinal an seinen »Visitationssubjekten« hinreichend sattgesehen hatte, holte er tief Luft und ließ seiner Empörung freien Lauf. Folgt man den Chronisten, schickte er einen sehr deutlichen und von Verärgerung diktierten Besuchsbericht nach Rom. Auch in Hamburg sprach er ein Machtwort und gebot den Pfaffen bei Strafe des Bannes, »innerhalb Monatsfrist ihre Concubinen von sich zu lassen«.

So richtig von Erfolg gekrönt scheinen seine Bemühungen nicht gewesen zu sein. Warum auch? Der Mann reiste ja bald wieder ab. Denn Kardinal in Rom zu sein, war für ihn sicher attraktiver als der Job eines Sittenwächters im provinziellen Hamburg. Also hielt sich die Hamburger Geistlichkeit an die Parole: einfach weitermachen!

Daher sah sich der legendäre und rechtschaffene Domdekan Albert Krantz im September des Jahres 1513 noch einmal veranlasst, in der für die Kirche peinlichen Angelegenheit nachzufassen und an die Domherren einen erneuten Appell hinsichtlich der wünschenswerten erotischen Abstinenz zu richten.

Zu diesem Zeitpunkt aber brodelte der Unwillen der Bürgerlichen bereits unter der Oberfläche, und es war absehbar, dass es in naher Zukunft zur Explosion kommen musste. Vielleicht war es gar nicht einmal so sehr der unsittliche Lebenswandel der Kirchenoberen, der die Hamburger Bürger erregte, sondern die auffällig große Zahl der Strauchelnden. Wären nur ein paar weniger ausgerutscht, hätte der Skandal möglicherweise unter der Decke verständnisvollen Schweigens gehalten werden können. Aber es waren zu viele, die mitmachten – schon einfach deshalb, weil es nach Ansicht der Hamburger Bürger ohnehin zu viele Geistliche gab.

Eine Chronik belegt den Missstand: »In dieser Stadt mit rund 15.000 Einwohnern kümmern sich allein an den Pfarr- und Hospitalkirchen sowie den Kapellen 360 Vikare um das geistliche Wohl. Hinzu kommt u.a. eine wachsende Zahl von Commenditisten, die geistliche Stiftungen verwalten, sowie die Priester und Mönche der Klöster.«

So war es nur eine Frage der Zeit, bis das festgefügte System klerikaler Macht zerbröckelte. Martin Luther hatte gewissermaßen schon den Hammer ausgepackt, mit dem er am 31. Oktober 1517 seine Thesen eigenhändig an die Wittenberger Schlosskirchentür genagelt hat. Was so vermutlich gar nicht stimmt und historisch umstritten ist.

Und der Hamburger Rat scharrte schon in den Startlöchern, um schnell protestantisch zu werden. Was so natürlich auch nicht stimmt und historisch verkürzt ist. Denn er brauchte immerhin noch zwölf Jahre, bis er die Sache in trockenen Tüchern hatte und die neue Kirchenordnung einführte.

Mit Heißwecken und »Judasohren« ins Fresskoma:
Ein voller Bauch als christliche Buße

Die Heißwecken, die unser hanseatischer Urgroßvater in der Fastnacht in geradezu unappetitlichen Stückzahlen genüsslich in sich hineinzustopfen pflegte, rumorten noch in seinem Verdauungstrakt, als sich schon die nächste Orgie der Fresslust ankündigte. Für diese »hete Wegghe in dem vastelavendt« hat der Sozialhistoriker Ernst Finder im Küchenbuch des St. Georgshospitals schon Belege aus der Mitte des 15. Jahrhunderts gefunden. Aber zu einem auf den Magen gehenden Breitensport wurde der Spaß erst dreihundert Jahre später. Dann aber richtig!

Die Bäcker der Stadt stellten riesige Mengen der aus Mehl, Zucker und Butter bestehenden Heißwecken her; die Dienstboten mussten sie in der Woche vor Fastnacht einkaufen und nach Hause schleppen. Tagelang gab es nun zum Frühstück nichts anderes. Und das unter verschärften Bedingungen: Um die Sache recht nahrhaft zu gestalten, wärmte man die Heißwecken auf, schnitt den oberen Teil ab, durchtränkte das Ganze mit zerlassener Butter und Milch, löffelte dann den heißen Brei heraus, um anschließend auch noch die Kruste mit Butter zu bestreichen und in sich hineinzustopfen.

Die Folge solcher Völlerei waren mancherlei Unpässlichkeiten, angefangen bei Magenkrämpfen und Fieberschüben bis hin zum Extremfall aller Unpässlichkeiten: mausetot umzufallen und sich aus dem irdischen Jammertal auf Nimmerwiedersehn zu verabschieden.

Immerhin durften die Hamburger sicher sein, dass sie sich zur höheren Ehre des lieben Gottes geopfert hatten. Die Fastnacht stand ja am Anfang einer – zumindest bis zur Reformation streng eingehaltenen – sechswöchigen Fastenzeit, die das Christentum als Vorbereitung auf das Osterfest versteht. Damit den Hamburgern das bei ihren Futterorgien auch jederzeit bewusst war, formten die Bäcker ihre Heißwecken »mit vier Zipfeln in Gestalt eines Kreuzes« – also eine Art Kruzifix zum Knabbern!

Wenn Kirche und Kulinarisches zueinanderfanden – sei es auf noch so kuriose Weise –, dann wusste der liebe Gott seine Hamburger Schäfchen immer an seiner Seite. Auch, wenn den braven Christenmenschen dabei manch ein Verzicht auferlegt wurde. Zum Beispiel in der Karwoche, die an die Kreuzigung des Heilands erinnert. Für die ganze Woche hatte die Kirche in vorreformatorischer Zeit das Fleischessen verboten.

Allzu schwer wird diese Vorschrift unsere alten Hanseaten nicht getroffen haben, denn Fleisch war teuer und wurde nur selten gegessen. Also gab es am Karfreitag Bohnen und das, was man damals preiswert aus der Elbemündung fischen konnte: Kabeljau und Hering.

Nach der Einführung der Reformation wollte der ehrwürdige Rat auch am Karfreitag wieder gern etwas Handfestes zwischen den Zähnen haben und erlaubte den Verkauf von Fleisch. Da aber hatte sich das Volk schon an seinen Kabeljau gewöhnt und blieb dabei.

Als besonderer Festgenuss am Karfreitag galt den Elbhanseaten eine Suppe, die aus Bier, Feigen und reichlich Eiern hergestellt wurde. Die Eier machten satt und das Bier fröhlich. Das passte zwar nicht so richtig zum ernsten Anlass des Tages, aber es passte zu unserem hanseatischen Urgroßvater!

Um zur Suppe auch noch etwas Festes im Bauch zu haben, wurden aus Weizenmehl gebackene, bis zu 16 Pfund schwere »Paschsemmeln« aufgeschnitten. Seit dem 18. Jahrhundert wurden nach derselben Rezeptur auch kleinere Semmeln gebacken. Diese hatten eine beziehungsreiche Besonderheit: Der Bäcker versah sie mit einem kleinen Einschnitt, damit sie recht schön schlitzohrig aussahen, und verkaufte sie als »Judasohren«. So wurde der religiöse Anspruch des Feiertags nicht aus den Augen verloren!

Laute Arbeit hatte nach einer alten Verordnung am Karfreitag zu unterbleiben; er hieß daher auch »stiller Freitag«. Erst am 9. April 1751 erhob ihn der Rat zu einem offiziellen Feiertag, nachdem das Geistliche Ministerium, das in Hamburg für solche Fragen zuständig war, gehörig Druck gemacht hatte.

Der Kirche taten die würdigen Ratsherren hin und wieder gern mal einen Gefallen; denn bei manch einer politischen Transaktion war man auf das Wohlwollen der Gottesdiener angewiesen. So blieben zwar an diesem Tag alle Stadttore bis um vier Uhr nachmittags verschlossen. Aber Kirchgänger, die vorgaben, dem Gottesdienst in der Stadt beiwohnen zu wollen, wurden ohne weitere Kontrollen hinein- und rausgelassen.

Wir wissen nicht, wie die Obrigkeit die schwarzen von den weißen Schafen unterscheiden und diejenigen herausfischen konnte, die nur vorgaben, ein Rendezvous mit dem lieben Gott zu haben, und dann vielleicht in irgendein geheimes Wirtshaus gingen. Auf jeden Fall aber war dem Gesetz Genüge getan. Das musste reichen!

Im Übrigen: So viel anderes konnte man am Karfreitag gar nicht anstellen: Der gesamte Wagenverkehr hatte bis zum Nachmittag zu ruhen. Börse und Banken blieben am Karfreitag ebenfalls geschlossen. Und alles, was Vergnügen bereitete, sowieso.

Am schlimmsten traf es die Juden, die in der Stadt lebten. Man ließ die armen Leute dafür leiden, dass man ihnen doch eigentlich den arbeitsfreien Tag verdankte. Sie durften unter Androhung von 50 Reichstalern Strafe keinem Gewerbe nachgehen. Und was noch schlimmer war: Sie durften an diesem Tag nicht einmal spazieren gehen oder mit der Tabakspfeife ganz friedlich vor ihrer Haustür sitzen. Angeblich störte das die öffentliche Ruhe.

Stattdessen läuteten in der Stadt die Glocken, was das Zeug hielt. Die von St. Nikolai und St. Petri spielten sogar Passionslieder. So viel zur himmlischen Ruhe!

Der Umstand aber, dass die Tore bis zum Nachmittag geschlossen blieben, hat den Hamburgern einen schönen Zeitvertreib beschert, der sich im Laufe der Zeit zu einer emsig gepflegten Sitte entwickelte: Da man die Stadt nicht verlassen konnte, machte man mit Kind und Kegel ausgedehnte Spaziergänge auf den Befestigungsanlagen. Diese »Wallpromenaden« führten vom Steintor bis zum Stintfang. Da lief dann alles durcheinander: Fußgänger, Reiter und Kutschwagen, herumtobende Kinder, Hunde und gelegentlich wohl auch ein Schwein, das seinem Koben entkommen war.

Und weil es so schön war, behielten die Hamburger die Tradition der »Osterspaziergänge« bei, auch dann noch, als die Torsperre längst abgeschafft und die Stadtbefestigungen abgetragen waren.

Ein Misstrauensvotum gegen den lieben Gott:
St. Jakobi erhält Hamburgs erste »Wetterstange«

Wie ein ehernes Bekenntnis steht folgender Satz über einem neuen Kapitel hamburgischer Technikgeschichte: »Und weil unsere neuesten und glücklichsten Naturforscher bemerkt haben wollen, daß die Gefahr, welche hohen Gebäuden bei Gewitter droht, durch eine metallene Ableitung des Blitzes sehr vermindert werden könne, so haben wir es auch an dieser unschuldigen Vorsicht nicht fehlen lassen wollen.«

Dieser Satz kennzeichnet den Kerngedanken einer Denkschrift, deren Autor ein bisschen mehr Gottvertrauen vielleicht ganz gut zu Gesicht gestanden hätte: Dem Hauptpastor Ulber, der an St. Jakobi predigte und der nach der Devise handelte, Vertrauen ist gut, Blitzableiter ist besser.

Dieser Meinung war auch der Bleidecker Matthias Andreas Mettlerkamp. Er hatte mit großem Interesse gelesen, was der Amerikaner Benjamin Franklin jenseits des Atlantiks schon hundertfach erprobt hatte. Demnach könne eine sogenannte Wetterstange, so die Kunde aus dem Land der damals tatsächlich noch unbegrenzten Möglichkeiten, verhindern, dass ein Blitz einschlüge und hohe Gebäude in Schutt und Asche lege. Und Mettlerkamp wollte jetzt auch seine Vaterstadt an der Elbe dieses technischen Segens teilhaftig werden lassen.

Das Experiment, das Benjamin Franklin während eines schweren Gewitters mithilfe eines Drachens durchgeführt hatte, war überzeugend gewesen. Und so hatte der Physiker 1752 das erste amerikanische Gebäude mit einer »Wetterstange« ausstatten können.

Womit der geniale Physiker übrigens das Genie eines anderen Genres in eine Falle gelockt hatte: Friedrich Schiller lässt nämlich in seinem »Wilhelm Tell« einen der Akteure von einer »Wetterstange« sprechen. Die Geschichte des Schweizer Freiheitskämpfers spielt allerdings zu einer Zeit, als noch niemand an die Wunderstange aus Uncle Sam's Wunderland denken konnte. So etwas nennt man, lieber Herr Schiller, denn wohl Künstlerpech auf höchstem Niveau!

Auf dem europäischen Kontinent war man erst acht Jahre nach der Entdeckung der Wetterstange davon überzeugt, dass sich die Natur eigentlich auf recht simple Weise überlisten lässt, und hatte den ersten Blitzableiter diesseits des Großen Teichs auf einen Leuchtturm gesetzt.

Die Hamburger waren an dem Wunderding durchaus interessiert. Besonders dem Wohlweisen Rat und den Menschen im Kirchspiel St. Michaelis steckte der Schrecken noch in den Knochen, den ein fürchterlicher Frühjahrsblitz im März 1750 ausgelöst hatte. Er war in den Michel eingeschlagen und hatte die jüngste der fünf Hamburger Hauptkirchen zerstört.

Ein solches Schicksal wollte die Stadt ihrer Jakobikirche an der Steinstraße gern ersparen. Der

Arzt und Physiker Johann Albert Heinrich Reimarus, einer der führenden Köpfe der »Patriotischen Gesellschaft«, war zugleich einer der glühendsten Förderer der Franklin'schen Wetterstange. Er hockte nächtelang mit dem Bleidecker Mettlerkamp zusammen und diskutierte mit ihm über die Vor- und Nachteile eines Blitzableiters. Und natürlich über die Frage, bei welchem Hamburger Bauwerk man das Experiment riskieren sollte.

Irgendwie bot sich St. Jakobi für den Versuch an! Dort war schon anderthalb Jahrhunderte zuvor ein Draht vom Turm herunter zum Pferdemarkt gespannt worden, um die unten auf dem Platz versammelte Menge zu elektrisieren: Ein Gaukler hatte den Draht im Jahr 1608 anbringen lassen, um darauf seine waghalsigen Kunststücke vorzuführen. Mit einer Schubkarre, in der ein verängstigter Kater saß, tänzelte er aus der schwindelerregenden Höhe herunter, machte es sich – wie die Chronik vermerkt – »zwischendurch ganz commode« und setzte hernach zu »erschröcklichen« Luftsprüngen und Pirouetten an, sodass es die staunenden Zuschauer »eiskalt überlief vor Gräsen«.

Dieses Mal diente der Draht einem weniger vergnüglichen, aber dennoch aufregenden Zweck. Wie oft er seine Aufgabe seit 1769 zum Wohl der Stadt erfüllt hat – darüber gibt es allerdings keine Statistik. Die beiden letzten Turmwächter, die 1906 pensioniert wurden, gerade in dem Jahr, in dem der Michel wieder einmal niederbrannte, haben uns keine Aufzeichnungen hinterlassen. Schlimmer noch: Die beiden haben niemals Erfahrungen miteinander ausgetauscht; denn sie sollen miteinander verfeindet gewesen sein und es tatsächlich fertiggebracht haben, 30 Jahre lang auf ganz unchristliche Weise kein Sterbenswörtchen miteinander zu wechseln. Was die Herren Pastoren, deren Geschäft doch eigentlich die Versöhnung ist, sehr missvergnügt gestimmt haben soll.

So mag denn zwar das gottgefällige Werk der Versöhnung bei St. Jakobi an der hanseatischen Sturheit zweier Turmwächter gescheitert sein. Einen Superlativ aber, den Jakobus den Hamburgern geschenkt hat, kann niemand seiner Kirche streitig machen: Seine Kirche hatte den ersten Blitzableiter in Deutschland!

Heiße Bekehrung im kalten Norden:
Wie der Priester Poppo die Heiden mit glühenden Eisen überzeugte

So etwas nennt man eine Blitzkarriere! Gerade einmal 30 Jahre war Ansgar alt, als Ludwig der Fromme, Sohn Karls des Großen, ein Auge auf den jungen Mann geworfen hatte, der seit seinem fünften Lebensjahr im Kloster Corbie bei Brügge auf Kirchenkurs gebracht worden war und der 823 im neu gegründeten Kloster Corvey an der Weser die dortige Schule als Vorsteher übernehmen durfte.

Ansgar war als Geistlicher sicher kein Leichtgewicht. Wichtiger aber war im Kalkül des Kaisers sein außerordentliches politisches Talent. Etliche Jahre lang war Ansgar in vorhansischer Zeit auf den Spuren der Handelsleute mit deren Karawanen durch die Lande gezogen, hatte über Dolmetscher nützliche Informationen erhalten und günstige Reisewege ausgekundschaftet.

Ein bisschen korrupt war er bei seiner Missionsarbeit wohl auch, denn er verteilte überall großzügig Geschenke, um die Botschaft seines römischen Dienstherrn unangefochten verbreiten zu dürfen. Und was noch weniger ehrenvoll war: Ansgar soll sogar Sklaven gekauft haben, die er in den Klöstern des Frankenreichs ausbilden ließ. Vielleicht war das so nicht ganz im Sinne des lieben Gottes – aber was ist schon Sein Wille gegen das Wohl seiner Statthalter?

Einigkeit herrschte allerdings darüber, dass es zu dieser Zeit nur einen einzigen Priester gab, der dem »Apostel des Nordens« das Wasser reichen konnte: Für das 9. Jahrhundert, so vermerkt die Chronik, wurde »von Hamburg aus wiederum ein Verkünder des Evangelii« an die Dänen abgeordnet. Der nach Zeitzeugnissen glaubensstarke Priester, dem man zutraute, sanftes Christentum in harte Wikingerschädel zu klopfen, hieß Poppo. Als er vor dem Dänenkönig Harald erschien, soll er diesen mit freimütigen Worten getadelt haben, dass er sich statt zum wahren Glauben, den Poppo zu vertreten fest überzeugt war, dem Dienst an Götzen und Dämonen zugewandt habe.

Harald soll von den Worten des Priesters durchaus beeindruckt gewesen sein und wollte dem eifernden Poppo immerhin eine Chance geben, was ja für sich gesehen als deutlicher Beleg seiner königlichen Gunst zu werten ist. Aber der König knüpfte seine Bereitschaft, den neuen Glauben anzunehmen, an eine Bedingung: Der fromme Mann solle sich »vor allem Volke durch wunderbare Zeichen der Göttlichkeit des Christentums bewähren«.

Nun hatte ja das Wunderbare und das Wundervollbringen in der Religion Poppos eine lange Tradition. Schon der Chef war im damals noch Heiligen Land nicht nur über den See Genezareth gelaufen, sondern hatte der Welt auch sonst allerlei Kunststücke erfolgreich vorgeführt, man denke nur an die geheimnisvolle Wein- oder Fischvermehrung.

Das war Poppo wohl zu wenig. Er setzte ein gänzlich anderes Zeichen, und zwar an einem für die Dänen heiligen Ort, wo sich König Harald und sein Volk in froher Erwartung versammelt hatten. Dort, so wird aus nicht ganz zuverlässigen Quellen berichtet, hob Poppo »mit Gottes allmächtigem Beistand und voll Begeisterung für das Evangelium« ein ungeheuer schweres Stück glühenden Eisens auf und hielt es vor aller Augen lange Zeit erhoben, ohne sich dabei im Geringsten die Hände zu verbrennen.

»Und obschon dies hätte eigentlich jeden Zweifel beseitigen können, so tat der heilige Mann noch ein zweites Wunder als Zeugnis für die Göttlichkeit der Lehre, indem er ein mit Wachs bestrichenes Gewand anzog und dasselbe, mitten im Kreise der Heiden, in Gottes Namen anzuzünden befahl. Augen, Hände und Herz gen Himmel erhebend ertrug er die lodernden Flammen, die über seinem Haupte zusammenschlugen, so geduldig, dass er, nachdem sein Gewand zu Asche gebrannt, mit freudigem und liebreichem Blick und Wort bezeugte, er habe kaum den Rauch des Brandes gespürt.«

Der König und alle Anwesenden sollen durch diese spektakuläre Vorstellung bekehrt worden sein und traten willig zum Christentum über. Und weil ein richtiges Wunder allemal sein Geld wert ist, wollte sich auch der Kaiser nicht lumpen lassen. Den guten Poppo ließ er, weil der dem hamburgischen Hochstift zu Ruhm und Ehre verholfen hatte, daraufhin zum Bischof von Schleswig ordinieren.

Ob der Kaiser dazu überhaupt das Recht hatte, über diese Frage kam es im Mittelalter bekanntlich immer wieder zum Streit zwischen der geistlichen und der weltlichen Macht. Andererseits: Wer sich nicht einmal an einem heißen Eisen seine Finger verbrennt, der hatte allemal ein hohes Kirchenamt verdient.

Vielleicht sollten sich die Herren Kirchenoberen der vorreformatorischen Couleur an Poppo ein Beispiel nehmen. Stattdessen weigern sie sich beharrlich, die in ihrer Firma angehäuften heißen Eisen anzufassen!

Das Alte Testament lässt grüßen:
Wie man auf »Ladenhütern« sitzen bleibt

Die Kirche im Dorf zu lassen, das war eine der bevorzugten Lebensmaximen hansischen Kaufmannsgeistes. Mit anderen Worten gesagt: Man bloß nichts übertreiben und mit seinen Ansichten und Forderungen immer hübsch auf dem Teppich bleiben!

Das soll allerdings nicht heißen, dass ausgerechnet Bescheidenheit zu den herausragenden Tugenden eines Hamburger Kaufmanns gezählt hätte. Aber manchmal, so wusste er aus leidvoller Erfahrung mit der Unberechenbarkeit von Gewinn und Verlust, war es durchaus sinnvoll, sich auch mal mit etwas weniger zufriedenzugeben. Das galt für seine privaten Strategien ebenso wie für das Geschäftsleben.

Einmal darauf angesprochen, dass es seine attraktive Angetraute offenbar mit dem Sechsten Gebot, wonach man die Ehe nicht brechen solle, wiederholt nicht so ganz genau genommen habe, antwortete der Ehemann im Brustton der Überzeugung: Das sei schon richtig. Aber für einen Kaufmann wäre es schließlich doch allemal besser, mit 50 Prozent an einem guten Geschäft beteiligt zu sein als zu 100 Prozent an einem schlechten.

Der edle Kaufmannsgeist, der unsere hanseatischen Urgroßväter jahrhundertelang immer wieder beflügelt hatte und der es ihnen erlaubte, sich zu mancherlei merkantilen Höhenflügen aufzuschwingen, machte die alten Hanseaten zu vortrefflichen Experten in Handelsgeschäften. Als solche verstanden sie sich auch auf die Kunst, Ladenhüter an den Mann zu bringen.

Allerdings nicht in jedem Fall. Denn Ladenhüter – das waren nicht nur unverkäufliche Partien von Kaffee, Tee, Tabak und Gewürzen, die auf irgendeinem Speicher in irgendeiner Ecke herumlagen. Ladenhüter – das konnten durchaus auch Töchter sein, für die sich angesichts fehlender erotischer Reize oder sonst irgendwelcher Mängel kein Abnehmer fand. Und bei denen demzufolge die Gefahr bestand, dass sie der Herr Papa lebenslang mit durchschleppen musste, was ihn teuer zu stehen kam. Denn die Klöster, in die man unverheiratete Töchter abzuschieben pflegte, ließen sich ihre Dienstleistung durch satte Honorare, die als »Schenkung« verbal aufgewertet wurden, mehr als vergolden.

Was also war zu tun, um dergleichen familiäre Ladenhüter loszuschlagen? Um es gleich vorwegzusagen: gar nichts! Sensible Mithanseaten könnten einwenden, eine zu lebenslänglicher Jungfräulichkeit verdammte Tochter mit einer schwer verkäuflichen Ware zu vergleichen, sei unzulässig und geradezu unanständig. Das aber hieße, hanseatische Krämermentalität zu verkennen. Die Verheiratung einer Tochter, wenn sie denn zustande kam, war in den Augen des Kaufmanns nichts anderes als eine

Transaktion, die nach genau denselben Regeln zu verlaufen hatte wie der Abschluss eines Handelsgeschäftes.

Aus Liebe zu heiraten, bei der Wahl der oder des Eheliebsten gar noch Begehrlichkeit ins Spiel zu bringen – pfui, das war Sache des Pöbels, dem man gern das Spielfeld der Gefühle überließ.

Geschäftliche Transaktionen durchzuführen, war dagegen eine Kategorie des Rechnens und Kalkulierens. Es war eine vom Kaufmannsgeist getragene und mithin sehr vernünftige Handlungsmaxime. Die Goldene Regel lautete, erst das Lager zu räumen und die schon länger herumliegende Ware abzustoßen, bevor man dem Kunden Frischeres offerierte.

Bezogen auf die Verheiratung von Töchtern war das nicht einmal eine hamburgische Erfindung. Unser hanseatischer Kaufmann berief sich – was sich im Übrigen bei Geschäften jeglicher Art gut machte – auf das Alte Testament. Danach hatte Jacob, für ihn selbst völlig überraschend und gegen seine Absicht, anstelle der appetitlichen Rahel deren »blödgesichtige« Schwester Lea zur Frau bekommen, mit der für jedermann einsehbaren Begründung, es sei in diesem unserem Lande nicht Brauch, dass man die jüngere Tochter ausgebe vor der ältesten.

Amen!

In Hamburg galt diese alttestamentarische Regel noch bis in das 18. Jahrhundert hinein und wurde emsig praktiziert, wovon auch der ehrwürdige Jacob von Axen, Vater des verdienstvollen Oberalten Otto von Axen und der Dichterin Christine

Westphalen, ein rechtes Klagelied singen konnte. Besagter Jacob von Axen hatte, wie er in seinen Lebenserinnerungen freimütig bekennt, als Jüngling alle Plackereien einer harten Lehrzeit bei einem strengen Prinzipal sanftmütig und geduldig überstanden, was zu ertragen ihm eine der Töchter des Lehrmeisters erleichtert hatte.

Wie es hanseatischer Kaufmannssitte entsprach, ging von Axen »zwecks Perfectionierung« seiner Kenntnisse erst einmal auf Reisen, um anschließend das Bürgerrecht zu erwerben und hier sein Geschäft gehörig in Schwung zu bringen.

Nunmehr, so lässt uns der Historiker Otto Beneke am Schicksal des Mannes teilhaben, wünschte er, sich zu verehelichen, und dachte dabei »natürlich des anmutigen Engels seiner bitteren Lehrzeit«. Er hatte der liebenswerten Jungfer allezeit, sogar im Sündenpfuhl Paris, ein getreues Andenken bewahrt. Und das Mädchen war ebenfalls nicht abgeneigt, was in der gefühlvollen Terminologie unserer Altvorderen viel schöner klingt: Sie war ihm »von Herzen gut geblieben«.

Ärgerlich war nur, dass die liebenswerte Jungfer die jüngere von zwei Schwestern war, wobei die ältere noch missmutig in Warteposition verharrte. Die aber hatte nach hanseatischem Recht, das wiederum auf alttestamentarischen Grundsätzen beruhte, ein Vetorecht, das heißt, sie konnte die Zustimmung zur Hochzeit der kleinen Schwester verweigern. Und davon machte sie auch Gebrauch. Warum anderen einen Spaß gönnen, den man nicht auch selber haben kann?

So hatten sich denn die jungen Liebenden in das Unvermeidliche zu fügen; und es kam, wie es das Gesetz befahl: Die beiden nahmen »unter beiderseitiger Vergießung vieler Tränen für immer Abschied«; denn gegen das Recht der ältesten Tochter gab es keine Berufungsinstanz.

Die Ältere, Lea nach dem biblischen Gleichnis, dümpelte im seichten Wasser ihres unbefriedigten Lebens weiter missmutig vor sich hin und ließ ihrer armen Schwester keinen anderen Ausweg als dasselbe zu tun.

Das wurde bewusst in Kauf genommen. Obwohl unser hanseatischer Urgroßvater aus der Erfahrung eines langen Gewürzhändlerlebens wusste, dass nichts leichter ist, als eine gute Ware schnell verderben zu lassen: Man muss sie nur recht dicht neben eine schon verdorbene legen!

Ein »Helf Gott« von den Blauen Schwestern:
Mit einem kräftigen Labetrunk in die Ewigkeit befördert

Die erste Vereinigung der Beguinen als »mittelalterliche Frauenschaft« war um das Jahr 1180 in Lüttich entstanden. Der Orden versammelte Frauen, die zwar kein ewiges Gelübde ablegen wollten, die sich aber bewusst für ein spirituelles Leben entschieden hatten. Die Beguinen gelobten Keuschheit, aber nicht Armut. Auf alles kann der Mensch schließlich nicht verzichten!

Das war ein Konzept, das die Beguinenkonvente zu einem idealen Refugium für Frauen mit höchst unterschiedlichen Lebensentwürfen machte: Für Mädchen, die keine Mitgift abbekommen hatten und die deshalb kaum Begehrlichkeiten auf sich zogen. Was blieb ihnen, als ihr Auskommen in einer klösterlichen Gemeinschaft zu suchen? Aber auch für selbstbewusste Jungfrauen, die andere Vorstellungen von ihrem Leben hatten als der Herr Papa und die sich der Verbindung mit einem ungeliebten Mann entziehen wollten. Auch adlige Fräuleins, die nichts Standesgemäßes fanden, sahen oft ihre einzige Lebenschance hinter Klostermauern.

Immerhin war die Entscheidung, in einen Beguinenkonvent zu gehen, im Unterschied zu anderen Orden nicht unwiderruflich: Wer nicht mehr mochte, konnte jederzeit wieder ins weltliche Leben zurückkehren und sogar heiraten, wenn denn noch einer anbiss und die Dame in ihrer klösterlichen Einsamkeit noch nicht zu Dörrfleisch vertrocknet war.

Ihre hamburgische Existenz verdankten die Ordensfrauen der Beguinen Graf Adolf IV., der sich den Bewohnern unter anderem dadurch empfohlen hatte, dass er ihnen die Dänen fürs Erste vom Leibe halten konnte. Als Gegenleistung für den ihm von den Kriegsgöttern zugeschanzten Sieg baute Adolf als Hamburgs Schutzherr am laufenden Band Klöster, Kirchen und Kapellen. Und bei der Gelegenheit hatte er auch den »Blauen Schwestern« ihren Konvent gestiftet. Wegen ihrer blauen Ordenstracht wurden die Frauen von den Hamburgern »de bluen Süstern« genannt.

Graf Adolf IV. hatte den Beguinen nicht nur ein Haus an der Steinstraße gegenüber der Jakobikirche spendiert, sondern er ließ ihnen auch die notwendigen Einkünfte aus Ländereien vor dem Steintor anweisen. Seine Söhne, die Grafen Johann zu Kiel und Gerhard zu Itzehoe, gaben noch einen hübschen und einträglichen Obstgarten mit Apfelbäumen dazu.

Das könnte den Schluss nahelegen, die Profession einer Nonne sei nicht nur eine einträgliche, sondern auch noch eine in jeder Hinsicht angenehme Beschäftigung gewesen. So ganz stimmt das allerdings nicht. Sobald nämlich die Damen an der Steinstraße mal ein bisschen fröhlicher wurden, stutzte ihnen ihr Dienstherr, der Erzbischof von Bremen, gehörig die Flügel. In der Hausordnung von 1360 verfügte er – und das sicher nicht ohne Grund –, die Damen sollten ihr Ordenskleid beim Schlafengehen nicht ablegen und sich gefälligst auch nicht durch Lärm »beunruhigen«, und vor allem sollten sie alle zur gleichen Zeit und jede in ihr eigenes Bett gehen.

Langweilig war es sicher nicht, das Leben im Konvent an der Steinstraße. Aber was so eine richtige Ordensfrau ist, die braucht eine Aufgabe, die sie erfüllt und die obendrein gottgefällig ist. Und so suchten sich die »Bluen Süstern« eine Betätigung, die ihnen einen angemessenen Platz in der sonst von Männern dominierten Geschichte unserer Stadt sicherte: Jedes Mal, wenn für einen zum Tode Verurteilten die Stunde der Wahrheit heranrückte, führte man ihn über die Steinstraße zum Richtplatz in die Vorstadt hinaus, wo der Galgen stand.

Dann fühlten sich die Blauen Schwestern in ihrem Element. Nach rechter Christenart reichten sie dem Delinquenten einen Labetrunk, damit er die Reise in die andere und möglicherweise bessere Welt gestärkt antrete. Und vielleicht würde er auch die Erinnerung an die ihm zuteil gewordene Wohltat mit hinübernehmen und sie dem lieben Gott berichten? Auf diese Weise hätte sich jedenfalls schon mal die Schuld- und Sühne-Bilanz der frommen Damen vor ihrer eigenen Ankunft dort oben verbessert.

Die »Ehrwürdige Meesterin« an der Spitze ihrer stattlichen Jungfrauenriege hatte das Privileg, dem schon mit einem Bein in einer besseren Welt stehenden Todeskandidaten den Krug mit dem Labetrunk zu reichen und das Werk der Nächstenliebe mit einem fröhlich-aufmunternden »Helf Gott« zu krönen.

Sicher ist dies nur eine Marginalie im Katalog der guten Taten, und sicher haben die frommen Beguinen, die so sanft waren, dass sie sich nicht einmal gegen die Reformation zur Wehr setzten und den Umschwung geduldig mitmachten, Bedeutenderes geleistet als das Darreichen des Labetrunkes. Aber keinem anderen ihrer Werke ist so viel Aufmerksamkeit zuteil geworden wie diesem. Denn zu Hinrichtungen fand sich immer viel Volk ein, das seinen Spaß haben wollte.

Und so verdanken wir dem vom Publikum als abwechslungsreiches Beiprogramm zur Hauptveranstaltung geschätzten Zwischenstopp am Konventshaus, dass die »Bluen Süstern« als Hamburger Denkwürdigkeit weiterleben, obwohl der Orden selbst längst aus Hamburg verschwunden ist.

Während der Französischen Revolution wurden im Zuge der antiklerikalen Politik in Europa nach 1795 annähernd alle Klöster aufgelöst. Aber viele Beguinenhöfe bestanden als karitative Einrichtungen weiter. In Belgien und Holland, wo die Beguinenkultur weiter verbreitet war als bei uns, stehen etliche ihrer Klöster unter Denkmalschutz und wurden von der UNESCO in das Weltkulturerbe aufgenommen.

In Hamburg steht heute genau an der Stelle, von der aus die Blauen Schwestern einst ihre gottgefälligen Taten vollbrachten, ein architektonisch wenig ansprechendes Bürohaus.

Werbung für den lieben Gott:
Sichtbare Himmelszeichen über Alster und Elbe

Eigentlich waren die Elbhanseaten handfeste Leute, die lieber an den Segen guter Handelsgeschäfte zu glauben bereit waren als an Wunder. Aber eben nur eigentlich. Denn etwas Anspruch auf ein bisschen Aberglauben, den reklamierten sie schon für sich! Und im alten Hamburg bot sich reichlich Gelegenheit, aus allerlei »befremdlichen Erscheinungen« Schlüsse zu ziehen. Wenn auch nicht immer die richtigen.

Der Sozialhistoriker Ernst Finder lässt uns wissen, wie der Aberglaube an Werwölfe und Basilisken – Schlangenungeheuer, die allein schon durch ihren Blick töten konnten – noch bis in das 17. Jahrhundert hinein nachwirkte. Obwohl ihnen zwischen Alster und Elbe noch niemand leibhaftig begegnet war, fand sich immer jemand, der einen kannte, der sich für die Existenz solcher Ungeheuer verbürgte. Der nämlich hatte wiederum von jemand anderem zuverlässig in Erfahrung gebracht, dass es da einen gab, der tatsächlich einen dieser furchterregenden Basilisken getroffen hatte.

Die meisten unserer Hamburger Landsleute blieben allerdings skeptisch. Weitaus plausibler erschien es ihnen da, sich bei der Deutung bevorstehenden Unheils von rätselhaften Himmelszeichen leiten zu lassen. An ihnen herrschte in unserer

Stadt wahrlich kein Mangel! Chronisten berichten unter anderem über das Erscheinen von Kometen und Feuerkugeln, von »Nebensonnen« und herabfallenden Wurmschauern, ja sogar Blut- und Schwefelregen sollen sich zugetragen haben.

Noch im 20. Jahrhundert formuliert ein Schreiber mit großem Verständnis für die Seelennöte seiner Zunftvorgänger, man könne es den mittelalterlichen Berichterstattern deutlich anmerken, wie die Angst um das eigene Heil und das der vermeintlich bedrohten Vaterstadt ihnen die Feder geführt habe.

Einer dieser Chronisten wusste beispielsweise mitzuteilen, dass man am 1. September 1600 morgens um sieben Uhr »über der Stadt Hamburg feurige und blutige Gesichter an dem Himmel (sähe), so von jedermann mit Schrecken angeschauet«.

Ein anderer berichtet von einer im August 1654 eingetretenen »grausam großen Finsterniß, daß die liebe Sonne fast gantz schwartz schiene«. Drei Stunden habe das Spektakel gedauert. Und weiter sei beobachtet worden: »Von dieser Finsterniß machten alle Astrologi viel Redenß, dadurch dem gemeinen Manne große Furcht eingejagt und waren der Meinung, die Welt würde dabei untergehen.«

Nach solchen Himmelserscheinungen hatten die Kirchen jedes Mal einen unerwarteten, aber durchaus willkommenen Zulauf – es gab »demnach des Sonntags eine große Menge Leute Communicanten«.

Wer wollte es der stets um ihre Schäfchen und ihre eigene Kasse besorgten Geistlichkeit verdenken, dass sie solche unerklärbaren Himmelszeichen flugs in ein Mitglieder-Werbeprogramm ummünzte? Beispielsweise der von dem selbst in kirchlichen Diensten befindlichen Peter Hesselius zitierte Gottesmann, der die Gemüter im April 1670 umsatzsteigernd erschütterte: »Es sahen in diesem Monat einige Leute bei Hamburg eines Morgens früh um vier Uhr am Firmament über der Alster gegen Aufgang der Sonnen ein Kreuz und Procession in solcher Gestalt, wie unser Erlöser Christus mit seinem Gefolge von Leuten zu seiner Kreuzigung gegangen, hieraus wurden nachgehends zwei große Kugeln und aus dieser zwei Kriegsheere, die gleichsam aufeinander losgingen.«

Solche Wahn- und Wunderzeichen waren ein willkommener Anlass, die Menschen nach allen Regeln der christlichen Predigerkunst gehörig »abzukanzeln«. Womit gemeint ist, dass man sie von der Kanzel herunter mit drastischen Worten zu einem der Kirche wohlgefälligen Lebenswandel ermahnt hat. Und da war es sicher hilfreich, dass die Menschen beim Erscheinen eines Kometen »Zittern und Schrecken überfiel, die Haar stunden einem zu Berge!«.

Solche Schreckensszenarien waren die gerechte Strafe für begangenes Unrecht. Vor allem aber war es die angemessene Strafe für das Nachlassen im Glauben und für eine unmoralische Lebensführung.

Hunger, Pest, Feuersbrunst und Krieg waren Schicksalsschläge, die die Menschen am meisten beunruhigten. Das war der Hebel, den die wackeren Kirchenleute ansetzten. Der wortgewaltige Pastor Schuppius erschreckte gar das gläubige Volk mit der Behauptung: »Es ist niemals ein Comet am Himmel gestanden, der nicht ein sonderliches Unglück bedeutet hat!«

Nanu – sollte dem verehrungswürdigen Herrn Pastor da etwas entgangen sein? Oder hat er gar das Anfängerseminar der Theologischen Fakultät verpasst? Wenn wir nämlich unseren Astronomen vertrauen können, dann war der Stern von Bethlehem, der vor 2000 Jahren ein in aller Welt gefeiertes freudiges Ereignis angekündigt hat, nichts anderes als ein Komet.

Dass sein Erscheinen als Vorbote kommenden Unheils zu interpretieren ist, das wird nicht einmal ein vom Glauben abgefallener Hardliner behaupten!

Die Wandlung des Saulus zum Paulus:
Ein Heiliger und seine »sündigste Meile«

Heilige genießen zumeist einen unangefochtenen Status. Und das zu Recht! Ein Heiligenschein ist ja schließlich kein Doktorgrad, den man sich bekanntlich auch durch das Weglassen von Anführungszeichen ergaunern könnte – wenngleich die Gefahr der Aberkennung droht, vor allem seit es so hilfreiche Software-Lösungen wie »GuttenPlag« gibt. Ein Heiliger ist dagegen in einer vergleichsweise komfortablen Position, aber er hat sich seinen Titel ja meistens auch redlich verdient.

Zum Beispiel Saulus, der im frühen ersten Jahrhundert durch eine erleuchtende Begegnung zum Paulus mutiert war. Es war eine sonderbare Abwerbungsgeschichte mit nachhaltigen Folgen!

Saulus war zehn Jahre älter als Jesus; er war in dem in der heutigen Türkei gelegenen Ort Tarsus, einer in byzantinischer Zeit erblühten Handelsmetropole, auf die Welt gekommen. Saulus war der Sohn wohlhabender Juden, die sich mit der römischen Besatzungsdiktatur ganz gut arrangiert und sogar das Römische Bürgerrecht erworben hatten.

Als Pharisäer, wie sich die glaubenstreuen Juden nannten, berief sich Saulus auf das Gesetz Moses. Für ihn und seine Glaubensbrüder war es ein Skandal, dass sich immer mehr Menschen der neuen

Gemeinde anschlossen, die sich um Jesus zusammengefunden hatte.

In der Apostelgeschichte ist nachzulesen, wie der Mann aus Tarsus die Christen mit seinem unnachgiebigen Hass verfolgte. Sogar »Wohlgefallen« soll er an der Hinrichtung des ersten christlichen Märtyrers Stephanus gefunden haben, bei dessen Steinigung er beflissen die Mäntel der Vollstrecker gehalten habe.

Danach heizte Saulus die Christenverfolgungen noch weiter an, indem er weit und breit verkündete, er werde die Anhänger des neuen Glaubens allesamt umbringen. Seiner Karriere, so glaubte der Hardliner, könne dieses Vorgehen nur förderlich sein. Von seinen Auftraggebern ließ er sich mit allen Vollmachten nach Damaskus schicken, um unter den dort inzwischen angesiedelten Christen gehörig aufzuräumen. Saulus war also eine Art frühchristlicher 007-Agent mit der Lizenz zum Töten!

Von Jerusalem aus war es ein langer und gefährlicher Weg bis nach Damaskus, auf dem einem Reisenden mit heiklem Auftrag einiges zustoßen konnte. Saulus wird mit Zwischenfällen gerechnet haben.

Nicht gerechnet haben wird er mit einem Ereignis, das als »Erweckungserlebnis« in die Literatur eingegangen ist und uns das geflügelte Wort eines »vom Saulus zum Paulus« Verwandelten beschert hat: »Ein Licht vom Himmel, heller denn der Sonne Glanz« habe er gesehen, weiß die Apostelgeschichte über Saulus Erlebnis zu berichten. Bei der Gelegenheit sei ihm der wiederauferstandene Jesus erschienen und habe ihn mit den Worten »Saul, warum verfolgst du mich?« gewissermaßen angeworben für die Sache des Christentums, die ja einstweilen noch weit davon entfernt war, sich zu einem florierenden Konzern mit gut organisierter PR-Abteilung zu entwickeln.

Nach der erfolgreichen Akquise durch Jesus nannte sich Saulus fortan »Paulus« und wurde zum eifrigsten Gefolgsmann seines neuen Herrn.

In der Hierarchie der Heiligen hatte er es damit schon, kaum dass er in die Firma eingetreten war, ziemlich weit nach oben geschafft. Und sicher hat er nicht im Entferntesten daran gedacht, seinen guten Namen eines Tages in ferner Zukunft für etwas Anrüchiges hergeben zu müssen.

Hat er dann aber doch!

So dümpelt denn der Name eines prominenten Heiligen als Markenzeichen für ein manchmal recht unappetitliches Amüsier-Dorado durch die Geschichte. Der Namensgeber verblasst hinter seinem Imperium! Niemand hat zuerst einen Heiligen im Visier, wenn er an Hamburgs Schmuddel-Stadtteil denkt. »Sankt Pauli bleibt Sankt Pauli«, wird in einem langlebigen Gassenhauer prophezeit. Und es gibt in der Tat keinen Anhaltspunkt dafür, dass sich an dieser rot beleuchteten Goldküste, an der immer noch manch eine Frau ihren Mann ernährt und an der manch ein vermeintlicher Mann seine Frau steht, je etwas ändern wird.

St. Pauli bleibt St. Pauli! Allzu gern wüsste man, ob der unfreiwillige Namensgeber dieses Stadtteils vielleicht naserümpfend aus seinen paradiesischen Gefilden auf das ihm anvertraute Terrain mit dem schlechten Ruf und den guten Umsätzen herabblickt. Ob er es vielleicht achselzuckend hinnimmt, oder ob er sich angewidert abwendet?

Alles ist möglich. Ein Heiliger ist schließlich auch nur ein Mann! Aber eben ein besonderer!

Eine Kehrtwendung, wie sie Paulus um das Jahr 30 auf dem Weg nach Damaskus vollzogen hatte, bedurfte einer Vision. Visionen aber gibt es auf St. Pauli schon lange nicht mehr. Allenfalls eine Verklärung der guten alten Zeit, was ja nichts anderes ist als eine nach rückwärts datierte Utopie.

Nein, Visionen zu haben, hat sich St. Pauli längst abgewöhnt. Selbst Willy Bartels, den seine Verehrer einst den »König von St. Pauli« nannten, weil ihm die halbe Reeperbahn und fast die ganze Große Freiheit gehörten, erschöpfte sich in der Plattitüde, dass es so, wie es einmal war, nie wieder sein wird. »Also wissen Sie«, dozierte der immer noch geschäftstüchtige, schlagfertige und stets bescheiden auftretende Kiez-König, als er vor ein paar Jahren seinen 90. Geburtstag feierte, »auf St. Pauli wird nichts bleiben, wie es ist!«

Nicht einmal seine Immobilienwerte; denn die werden weiter kräftig steigen. Das aber sagte Bartels damals nicht. Man wusste es ja auch so.

Der Heilige Paulus dagegen wird kaum mit einem Kursgewinn für sich rechnen dürfen, und er wird sich kaum als Wechsel auf die Zukunft empfehlen können. Das nämlich macht den Unterschied zwischen einem Heiligen und seinem Antipoden: Der Heilige hat eine große Vergangenheit. Die Zukunft aber gehört dem Sünder!

Posaunenklänge im Namen des Herrn:
Eine Armee auf Seelenfang

Sie sind unermüdlich und auf eine sympathische Art hartnäckig bis zur Penetranz. Manchmal stehen sie einem im Weg, wenn man es eilig hat, aber kaum jemand nimmt es ihnen übel. Man respektiert ihr Anliegen und gibt gerne einen kleinen Obolus, um ihren Auftrag zu unterstützen.

Dabei gilt die Spendenbereitschaft weniger dem musikalischen Talent, mit dem die »Salutisten« auf sich aufmerksam machen! Nein, die Posaunen von Jericho sind es gerade nicht, die von der gegenüberliegenden Straßenseite herüberschallen. Jerichos Posaunenklänge, mit denen sieben blasfeste Priester die Stadtmauern traktiert und durch ihre Beharrlichkeit auf wundersame Weise zum Einstürzen gebracht haben, werden schon ein bisschen mehr Dezibel-Power in die Waagschale der Weltgeschichte geworfen haben. Sonst wäre das eindrucksvolle alttestamentarische Wunder wohl kaum so perfekt geglückt, wie es uns die Überlieferung glauben macht.

Die Heilsarmee, diese unermüdliche und grundehrliche Bodentruppe des lieben Gottes, hat auf St. Pauli ihr ureigenstes Terrain gefunden. Ob sich allerdings jemals eine Sumpfblüte des Reviers zwecks Empfangs der göttlichen Botschaft so weit geöffnet hat, dass von einer Bekehrung die Rede sein könnte, ist nicht bekannt.

Eine bemerkenswerte Tatsache aber ist nicht wegzudiskutieren: Während sich das brave Bodenpersonal des Herrn, das seine Soutanen und anderen kirchlichen Accessoires zu Hause gelassen hat und sich seinen bedürftigen Schäfchen in verwaschenen Jeans und T-Shirts präsentiert, recht deutlich als »Sündenabwehrkanonen« oder zeitgemäßer als »Erlöser-GmbH« verspotten lassen muss, begegnet man den wackeren Soldaten Seiner göttlichen Lordschaft mit unübersehbarem Respekt.

Das gilt auch und gerade dort, wo man solche Kategorien des moralischen Wertekatalogs nicht vermuten würde. Wenn die Soldaten der Heilsarmee nachts mit ihren Sammelbüchsen auf dem Kiez scheinbar aus dem Nichts heraus plötzlich vor einem stehen und in ihrer bescheidenen, aber bestimmten Art um Spenden für das Werk Gottes bitten, gibt es sogar unter den hartgesottenen und abgebrühten Kiez-Kumpanen kaum einen, der sich der Bitte um etwas Kleingeld verschließen würde.

So verbringen die Heilsarmisten Abend für Abend, Nacht für Nacht ein kleines St.-Pauli-Wunder: Kein verächtliches Wort, keine ungebührliche Bemerkung fliegt ihnen entgegen, keine unflätigen Pöbeleien, sonst ein Markenzeichen des Reviers, müssen sie ertragen, diese altjüngferlichen, zumeist nickelbebrillten Fromme-Helene-Soldatinnen, die so ganz anders daherkommen als die Mädchen aus dem Stundenbräute-Milieu.

Das Kennzeichen des weiblichen Teils dieser sanften Garde ist ein antiquiert geformtes Kompotthütchen mit rotem Ripsband, das vermutlich nicht einmal die Gnade der durch aufsehenerregende Hutkreationen ziemlich abgehärteten Majestät Elisabeth Regina finden würde. Zu dieser Kopfbedeckung tragen die Heilsarmistinnen meistens ein dunkelblaues, spartanisch geschnittenes Uniform-Kostüm, das einem Mann viel Fantasie abverlangt, um darin eine Frau vermuten zu können. Gegen ein solches Outfit wirken die allenthalben das bevorstehende Weltende heraufbeschwörenden »Wachturm«-Hausiererinnen geradezu wie Models in einem Hochglanz-Prospekt.

Die männlichen Pendants der Armee-Engel sehen in ihrer betulichen Gutmenschen-Attitüde mit übergestülpter Straßenbahnschaffner-Mütze kaum modischer aus. Wenn sie die vergilbten Noten zu Herzen gehender Choräle aus ihren Einheits-Aktentaschen fummeln, um sie auf die zusammenklappbaren Metall-Notenständer zu legen und sie mit einer Holzwäscheklammer gegen überraschende Windstöße zu sichern, dann fehlen ihnen eigentlich nur noch die Ärmelschoner, um sie für verkleidete Finanzbeamte zu halten.

Im Jahr 1990 feierte die Hamburger Heilsarmee ihr 100-jähriges Jubiläum in der vermeintlich so sündigen Hafenmetropole an der Elbe und durfte sich bescheinigen lassen, schon bei der großen Choleraepidemie vom Sommer 1892 ohne Rücksicht auf die eigene Gesundheit ihrer Gottessoldaten geholfen zu haben.

Als internationale Organisation war die Truppe zu diesem Zeitpunkt schon ein halbes Jahrhundert alt. Ihr Gründervater William Booth hatte nach eigenem Bekunden eine Bekehrung durch einen amerikanischen Erweckungsprediger erlebt und wurde zum ersten General der von ihm gegründeten Armee. Trotz der straffen militärischen Organisation war es die friedlichste Armee, die je gegründet worden ist und die mehr Eroberungsfeldzüge gewonnen hat als alle kriegerischen Armeen zusammen. Sie hat das Wertvollste erobert, um das zu kämpfen lohnt: die Herzen der Menschen.

Noch heute verstehen sich die Mitglieder der Heilsarmee als irdische Heerscharen mit himmlischem Auftrag. Als eine Armee, die nicht zum Zerstören bestimmt ist, sondern die allen helfen möchte, »die da mühselig und beladen sind«, um sie »an Leib und Seele zu kräftigen«.

Nicht nur auf St. Pauli, in den Seitenstraßen der Reeperbahn, gibt es für die Frauen und Männer der Heilsarmee noch viel zu tun, auch in anderen »Problemgebieten« der Hansestadt werden sie gebraucht!

»Von nordischen Eiswinden dahingerafft«:
Wir waren Papst!

Die Zeiten waren alles andere als sicher. Gerade hatte sich die kleine Wiksiedlung, die einmal das große Hamburg sein wird, mit rund 200 Kaufleuten und Handwerkern im Vorgelände des fränkischen Missionsstützpunktes »Hammaburg« eingerichtet, da wurde sie von vielen Seiten bedroht. Daran änderte sich auch nichts, als Papst Gregor IV. die Ansiedlung 831 zum Sitz eines Erzbischofs erhob. Die dänischen Wikinger konnte das nicht beeindrucken. 845 erreichten sie über die Elbmündung stromaufwärts die Niederungsburg, die sie plünderten und brandschatzten. Erzbischof Ansgar befand, dass es besser sei, sich mit Gottvertrauen und den ihm anvertrauten heiligen Reliquien abzusetzen, als sich im Vertrauen auf Gottes Hilfe von den Heiden erschlagen zu lassen. Er »entrann ohne Kutte nur mit größter Mühe«.

Die Folge des Wikingerüberfalls auf die junge Ansiedlung war die Zusammenlegung Hamburgs und Bremens zu einem Bistum, das Ansgar 845 übernahm und das unter seiner Leitung 864 zum Erzbistum erhoben wurde.

Trotz des 40 Kilometer östlich gelegenen Grenzwalls »Limes Saxoniae« blieb das junge Hamburg offen für Begehrlichkeiten der überwiegend slawischen Nachbarn. Seit 853 sah sich der deutsche König Otto I. sogar gezwungen, die Grenzsicherung des Elberaums in Ostholstein und Mecklenburg zu veranlassen.

So richtig gemütlich dürfte es hier angesichts der immer wieder drohenden Überfälle nicht gewesen sein; und allzu einladend war das Provinznest am nördlichen Ende der zivilisierten Welt ohnehin nicht. Aber als geeigneter Ort für eine Verbannung hatte es alles, mit dem man ungeliebten Zeitgenossen, die eine bessere Welt gewohnt waren, den Spaß am Leben verderben konnte. Immerhin hat diese abgeschiedene Lage unserem Hamburg dazu verholfen, dass hier einem leibhaftigen Papst die letzte Ehre erwiesen worden ist.

Benedikt V. ist vermutlich am 4. Juli 966 zwischen Alster und Elbe verstorben. Und während die einen behaupteten, er sei fernab von Rom an gebrochenem Herzen gestorben, spricht einiges für die gelegentlich geäußerte Annahme, die nordischen Eiswinde hätten den an ein mildes Klima gewöhnten Gottesmann dahingerafft.

Wahrscheinlich war das schnelle Ende von denen, die ihm nicht wohlgesonnen waren, sogar beabsichtigt. Denn Benedikt V. war zur Strafe an den Rand der zivilisierten Welt verbannt worden. Ob bei seiner Amtsenthebung alles mit rechten Dingen zugegangen war, kann uns gut 1000 Jahre später nicht mehr aufregen. Das Geschäft des Papstes war damals wie heute auch ein politisches, mithin eine recht zweifelhafte und häufig genug unschöne Angelegenheit.

Schon die Vorgeschichte zeugt von einem politischen Ränkespiel: Nach dem Tod des kaiserfreundlichen Papstes Johannes XII. im Frühjahr 964 war der Mann als Benedikt V. von den Römern in die katholische Chefetage befördert worden. Da saß er nun und zog sich den Unwillen Ottos I. zu, denn der hatte den Karrieresprung des Gottesmannes als Affront gegen sich und seine eigenen Pläne empfunden. Ihm allein, so sein unerschütterlicher Rechtsstandpunkt, stehe das Recht auf die Investitur zu, also das Privileg auf die Einsetzung eines Papstes. Und wer einen einsetzen kann, so Ottos Kaiserlogik, der dürfe auch einen absetzen, wenn er ihn gar nicht eingesetzt hat.

Also senkte Otto auf irgendeiner Sitzung inmitten seiner Würdenträger den Daumen, und damit war die Sache praktisch für alle gelaufen. Keiner traute sich mehr, dem Papst beizuspringen. Zwar war die Menschheit noch weit von der segensreichen Erfindung des Parteibuchs entfernt, aber die eigene unabhängige Meinung stand trotzdem nicht hoch im Kurs.

Wohin aber mit dem Mann? Otto war einfallsreich! Er hatte doch irgendwo an der Unterelbe ein düsteres Provinznest, das später einmal als »Hoch im Norden« Karriere machen sollte. Er selbst war noch nie dorthin gekommen, und er kannte wohl auch keinen, der dorthin wollte. Dem auch für Hamburg zuständigen Erzbischof Adaldag gab der Kaiser den Auftrag, Benedikt V. dort in Haft zu nehmen.

Ab also in die nördliche Provinz, in die Region der Eiswinde, die einer vom lieblichen römischen Klima verwöhnten Lunge überhaupt nicht zuträglich sein kann. Kaum in der Verbannung angekommen, warf es den armen Mann in die päpstlichen Seidenkissen, die er natürlich aus Rom hatte mitnehmen dürfen, und er ließ sich dorthin abberufen, wo sich ein Mann seiner Profession eigentlich am wohlsten fühlen muss: ins Jenseits, wo außer etlichen Gesinnungsgenossen schon die gesamte Heiligenriege auf ihn wartete und wo er seinem himmlischen Auftraggeber am nächsten sein konnte.

Wie es sich für einen guten Gast gehört, soll er sich noch vor seinem letzten Seufzer als Orakel nützlich gemacht haben. Die Legende lässt uns wissen, über Benedikt V. sei kurz vor seinem Ableben ein prophetischer Traum gekommen: Wilde Tiere, so habe er seine unfreiwilligen Gastgeber wissen lassen, würden alsbald kommen und Hamburg von Grund auf vernichten. Tatsächlich kamen dann die feindlich gestimmten Askomannen, ein Wikinger-Volksstamm, was im Ergebnis ungefähr auf dasselbe hinauslief.

Weil die Hamburger mächtig stolz darauf waren, einmal einen Papst bei sich gehabt zu haben, begruben sie den Verblichenen schnell in ihrem Dom südlich der Petrikirche und setzten ihm einen angemessenen Grabstein. Damit auch gleich jeder merkte, welche Kirchenprominenz Hamburg die Ehre gegeben hatte, hier zu sterben. Im 14. Jahrhundert errichteten die Hamburger Domherren ihrem Stargast sogar ein Kenotaph mit hübschen Fliesen und Heiligenbildchen darauf. Sie glaubten vielleicht, die Überreste des Benedikt lägen immer noch im Mariendom. Das aber war ein Irrglaube. Was von Benedikt übrig geblieben war, hatte Rom längst abholen lassen. 999, vielleicht auch schon 988, waren die Gebeine des Verblichenen zum Vatikan gebracht worden.

Was die Geschichte uns gelassen hat, war der Trümmerschutt, der beim Abriss des Mariendoms anfiel. Da wurden dann auch einige der Fliesen geborgen, die einst den Kenotaph Benedikts geschmückt hatten. Der Rest wurde beim Deichbau einer nützlichen Verwendung zugeführt.

Über »Morgenleichen« und »Abendleichen«:
Eine Frauenquote war nicht gefragt!

Henry Louis Mencken, der scharfsinnige amerikanische Satiriker und Literaturkritiker mit deutschen Wurzeln, hat kaum eine honorige Institution von seinem Spott verschont. Nicht einmal die ehrwürdige Kirche. Sie sei, so schrieb er in den zwanziger Jahren des vergangenen Jahrhunderts, jener Ort, wo Menschen vom Himmel Wunderdinge erzählen, die niemals dort waren, und dies Menschen gegenüber, die dort nie eintreffen werden!

Die meisten Menschen aber scheinen doch irgendwie darauf zu hoffen, auf die eine oder andere Art irgendwann einmal dort oben anzukommen. Ganz egal, wie lange die Reise dorthin auch dauern mag!

Im Übrigen gilt: Je mehr sich der Mensch dem Ende seines irdischen Daseins nähert, desto unerschütterlicher scheint er geneigt zu sein, sich auf die von der Geistlichkeit angekündigte Verheißung einzulassen und daran zu glauben, bevor er schließlich dran glauben muss!

Den Tod hatte Maximilien Robespierre als den Beginn der Unsterblichkeit definiert, und der so pointiert formulierende amerikanische Zyniker Ambrose Bierce, den man allein schon deshalb lieben muss, weil er eine schlechte Meinung von

Politikern hatte, sprang ihm zur Seite und notierte: »Der Tod ist jenes Rohmaterial, aus dem die Theologie das zukünftige Leben schuf.«

Die Kirche hat sich in ihrer Rolle als Mittler zwischen den Welten, zwischen Zeit und Ewigkeit, ganz gut eingerichtet. Oder in die Begriffswelt hanseatischer Pfeffersäcke übersetzt: Die Kirche wurde eine Art Zwischenhändler vom Diesseits zum Jenseits mit krisensicherem Geschäftsmodell.

Aus dieser Position hat sich die Kirche zu Recht und mit mehr oder weniger durchschlagendem Erfolg immer mal wieder eingemischt, wenn es galt, aus dem Ruder gelaufene Rituale zurechtzurücken.

Beispielsweise im 17. und 18. Jahrhundert. Wenn unsere hanseatischen Urgroßeltern damals zu Grabe getragen wurden, geschah das zunächst am Morgen oder gleich nach dem Mittagessen. Und so sprach man denn in schöner Bildhaftigkeit von »Morgenleichen« und »Nachmittagsleichen«. Dabei ging es keineswegs nur darum, dem Verstorbenen die letzte Ehre zu erweisen, sondern die Hinterbliebenen nutzten die günstige Gelegenheit, sich selbst bei den Lebenden so recht in Szene zu setzen. Und das ließen sie sich einiges kosten.

Als der Pomp, der bei den Leichenzügen getrieben wurde, kaum noch zu überbieten war, kamen unsere Hamburger Altvorderen auf eine absonderliche Idee: Sie verlegten ihre Leichenzüge in den Abend. Sie behaupteten, das werde unter dem Strich billiger; denn es müsse kein Teilnehmer mehr seine Arbeit vernachlässigen. Tatsächlich aber hatten sie anderes im Sinn: Die am Abend erforderlichen Fackeln und Stocklaternen machten den Leichenzug erst so recht feierlich, woran der Kirche gelegen sein musste.

Auch die braven Bürgersleute wussten die Dunkelheit wohl zu schätzen. Denn dann konnte man abseits des Lichterscheins ab und zu einen kräftigen Schluck auf das Wohl des Verstorbenen nehmen und seine unermessliche Trauer herunterspülen. Mehr noch: Ein Chronist bemerkte beleidigt, man habe nun auch angefangen, mit »Wein und Confitüren Staat zu treiben«.

Dem Wohlweisen Rat passte das ganz und gar nicht ins Konzept, und so erließ er 1664 ein Verbotsmandat, weil diese Art der Trauerfeier »viel Unordnung und Unlust verursachet«, und auch »wegen vieler Wagen und brennender Fackeln, was nicht ohne Gefahr ist und allerhand Confusion unterworfen«. Die Geistlichkeit schob in ihrer Beharrlichkeit noch eins nach und erwirkte 13 Jahre später eine Wiederholung des Verbots, weil sie meinte, bei der Sache zu kurz zu kommen bzw. – wie sie es ausdrückte – »der Kirche das ihrige entzogen« werde.

Das Volk aber scherte sich offenkundig weder um den Rat noch um die Geistlichkeit, denn dem Ministerialarchiv ist zu entnehmen, dass um die Mitte des 18. Jahrhunderts »Tagesleichen« fast ganz aus der Mode gekommen waren.

Der Rat steuerte noch einmal dagegen. Weil er »Abendleichen« wohl nicht verhindern konnte, begrenzte er die Zeiten: Im Sommer durften Bestattungen nicht nach zehn Uhr abends stattfinden, im Winter nicht nach acht. Glockengeläut wurde bei Strafe von 100 Reichstalern ganz verboten. Der Schmuck des Sarges wurde eingeschränkt, es durften auch nur noch 20 Leuchten im Gefolge sein, und hinter dem Leichenwagen durften nur noch vier Kutschen folgen. Vor allem aber wurde es untersagt, auf dem Weg zur Kirche Umwege einzuschlagen und die Leiche ein paarmal um den Friedhof herumzutragen, damit auch jeder den Aufwand bestaunen könne, den man sich leistete.

Eigentlich machte eine Beerdigung bei all den Verboten gar keinen richtigen Spaß mehr! Aber die Hanseaten versuchten es doch immer wieder. Auf riesigen, bis zu einem Meter langen und ebenso breiten »Leichenzetteln« wurde zum Trauerzug eingeladen, und viele machten sich ein nettes Freizeitvergnügen daraus, einfach mal mitzulaufen, auch wenn man den lieben Verblichenen gar nicht persönlich kannte.

Allerdings: Sogar angesichts der Vergänglichkeit alles irdischen Seins verlor unser hanseatischer Urgroßvater nie das Kassenbuch aus den Augen. Folgerichtig wurde es den Frauen 1618 verboten, im Leichengefolge mitzulaufen. Die Begründung für die merkwürdige Vorschrift war äußerst einleuchtend. Um uns nicht dem Verdacht der Frauenfeindlichkeit auszusetzen, zitieren wir den Originaltext: »Nachdem auch der Frauen Nachfolge bei Bestattungen der Leichen viele Inconvenientien mit sich bringet, indem sie (...) sich also in ihrer Haushaltung merklich versäumen, sondern auch ihre Kleider im Ungewitter übel zurichten«, vereinbarte der Ehrbare Rat mit der Bürgerschaft, »daß solche Nachfolge der Frauen bey den Leichen gänzlich aufgehoben und eingestellt werden soll«.

Nicht mal eine Frauenquote wollte man akzeptieren! Nur selten sind sich die würdigen Herren im Rat und in der Kirche so einig gewesen. Sachzwänge nennt man das heute!

Sternstunden auf der Grimm-Insel:
»... und sien Deern, de heet Katrin«

Mindestens in einem Punkt ist St. Katharinen ein Solitär unter Hamburgs Hauptkirchen: Sie ist die einzige, die sich unter den Schutz einer Frau gestellt und die heilige Katharina zu ihrer Schutzpatronin gemacht hat.

Um die Mitte des 13. Jahrhunderts wurde die Pfarrkirche auf der gerade eingedeichten Marschinsel Grimm erstmals im Stadterbebuch erwähnt. In Hamburgs zukunftsorientierter »Entwicklungszone« nahe der heutigen Speicherstadt war die Bevölkerung innerhalb von nur zehn Jahren um das Vierfache gewachsen, und so konnte es nur eine Frage der Zeit sein, bis die Gemeinde »anbauen« und ihre Kirche erweitern musste, wenn es auch für einen repräsentativen Turm einstweilen noch nicht reichte. Erst 1603, so meldet die Chronik, stach ein Turm »spitz wie ein Bleistift« (Peter Stolt) in den trüben Hamburger Himmel und wertete die Silhouette der Stadt auf.

Aber nicht lange! Obwohl der schlanke Turm dem Wind kaum Angriffsflächen bot, konnte er 1848 einem Orkan nicht standhalten – als Strafe Gottes »wegen der Menschen Bößheit«. Aber zum Glück hatte man ja den zugereisten Peter Marquard in der Stadt, der sich wie nur wenige Baumeister seiner Zeit auf barocke Turmbauten verstand. Er errichtete einen »sehr artlichen« Turm nach »Wälscher Art«. Ein Gewinn für das Stadtbild!

Die wundersamen Legenden um Katharina waren um 1215 von den aus dem Orient heimkehrenden Kreuzfahrern ins Abendland getragen worden: Eine Königstochter, die im dritten Jahrhundert auf Zypern dem aufdringlichen Werben eines römischen Kaisers standgehalten und sich geweigert hatte, trotz Bedrängnis ihrem christlichen Glauben abzuschwören, die zudem einen Gelehrtenwettstreit gegen 50 heidnische Philosophen bestand und dann die Herren auf ihre Seite des Christentums gezogen hatte, die dafür aufs Rad geflochten und »von den Engeln des Herrn« gerettet, dann aber doch von den Henkern des Kaisers enthauptet wurde.

Es folgte gläubiges Erstaunen: Als Katharinas Kopf in den Korb mit Sägespänen gepurzelt war und die herbeigeeilten Zuschauer Blut sehen wollten, soll aus den Wunden statt des roten Blutes weiße Milch als Zeichen der Unschuld geflossen sein. Daraufhin, so wird berichtet, seien die Engel ein zweites Mal zur Tat geschwebt und hätten die Überbleibsel Katharinas auf den höchsten Berg des Sinai getragen, wo noch heute in einer kleinen Kapelle des Katharinen-Klosters die Gebeine der Heiligen zu besichtigen sind.

Bei allen Wundern, die Katharina zugeschrieben werden, ist es eigentlich kein Wunder, wie viele Zünfte und gesellschaftliche Gruppierungen sie als ihre Schutzheilige reklamiert haben. Der langjährige Hauptpastor der Hamburger Katharinenkirche, Axel Denecke, hat die Klientel der »meistbeschäftigten Schutzpatronin« gezählt und aufgelistet. Er ist dabei auf 27 Gruppen gekommen, die sich Katharina in der Not anvertrauen. Die Liste reicht von Bierbrauern, Ehefrauen und Buchdruckern über Friseure, Gerber und Müller bis hin zu Schuhmachern, Scherenschleifern Spinnerinnen und Theologen.

Die Kirche der heiligen Katharina darf sich im Glanz ihrer charismatischen Namenspatronin sonnen – und sie tat es zu allen Zeiten!

Ob umgekehrt alles, was hier unten in ihrem Namen ausgeheckt wurde, das uneingeschränkte Wohlwollen der Heiligen gefunden hat, mag man bezweifeln. Oder sollte sie gar Gefallen an den theologischen Fingerhakeleien gefunden haben, die sich Hauptpastor Johann Melchior Goeze – Statthalter an ihrer ureigensten Kirche – mit dem Aufklärer Gotthold Ephraim Lessing geliefert hat?

Die Zeit der kompromisslosen lutherischen Orthodoxie, die nach den Unsicherheiten der Reformation auch an Hamburger Kirchen um sich gegriffen hatte, war bereits überschritten und im Abklingen begriffen. Aber einzelne Pastorate hatten ihre Linie noch nicht gefunden und mussten sich immer noch mit ein paar Hardlinern herumärgern. Goeze war ein solcher, konservativ bis auf die Knochen, Anhänger einer überalterten Liturgie, aus der Sicht seiner fortschrittlichen Kollegen wohl auch humorlos und eine echte Spaßbremse. Zu seinen

Spezialitäten zählten Kontroversen um so spannende Fragen wie »Ewigkeit der Höllenstrafen«.

Goeze hatte sich auch bereits mit seinem fortschrittlichen Mitpastor Julius Gustav Alberti gehörig angelegt, was aber für die Gemeinde ein hohes Amüsierpotenzial gehabt haben muss. Von der Kanzel herab führten die beiden einen verbalen Kleinkrieg. Der eine vormittags, der andere nachmittags oder umgekehrt. Was jedenfalls den Vorteil hatte, dass die Kirche immer voll war, weil viele der Schäfchen zweimal am Tag in den Gottesdienst trotteten, um zu erfahren, ob es wieder etwas Neues im Hamburger Kirchenstreit gab. Auch, wenn sie das alles gar nicht so recht verstanden und es vielleicht auch gar nicht so genau wissen wollten.

Es ging nämlich um »eine Art von Irrtum, ohne welchen eine bestimmte Art von lebendigen Wesen nicht leben könnte«. Leider hatten die beiden unnachgiebigen Kampfhähne schon das Zeitliche gesegnet und gehörten folglich nicht mehr zu den »lebenden Wesen«, als Friedrich Nietzsche den Begriff der Wahrheit mit derart klugen Worten philosophisch zurechtbog und relativierte.

Genau über diesen Wahrheitsbegriff waren Lessing und Goeze 1778 aneinandergeraten, als der Dichter behauptet hatte, nicht die Wahrheit, in deren Besitz irgendein Mensch zu sein vermeine, sondern die Mühe, der er sich beim Finden dieser Wahrheit unterziehe, mache erst den Menschen aus. Lessings simple Formel lautete: Der Besitz, auch der Besitz der Wahrheit, mache träge und stolz.

So viel Aufklärung brachte den orthodoxen Goeze auf die Palme, die alles andere war als eine Friedenspalme. Man müsse nur einfach Jesus Christus vertrauen, der das ewige Licht verheiße, und schon gehöre einem die ganze Wahrheit, das war seine unerschütterliche Position. Man kämpfte mit dem Florett, und die beiden Kontrahenten gingen durchaus respektvoll miteinander um, auch wenn der Herr Pastor den Bibliothekar und Dichter gelegentlich nur distanziert »Herr L.« nannte, was sich ziemlich beleidigt anhörte.

Als Goeze merkte, dass er nicht nur den populären Lessing gegen sich hatte, sondern auch die Hamburger Presse, und dass in der Stadt sogar Spottgedichte über ihn in Umlauf waren, gab er klein bei und zog sich sang- und klanglos aus der Kontroverse zurück.

Immerhin hat sich der Mann durch den mit Lessing ausgefochtenen Kirchenstreit ein wenig aus dem Zustand der Bedeutungslosigkeit herausgehangelt. Zu seiner Zeit hatte man ihn noch zur Kenntnis genommen, aber heute wäre er wohl längst vergessen. Die Heilige Katharina wird über ihn allerdings »not amused« gewesen sein.

Geschmeichelt hingegen wird sie sich gefühlt haben, als anno 1701 der junge Johann Sebastian Bach zu Fuß von Lüneburg nach Hamburg gepilgert war, um dem berühmten Katharinen-Organisten Johann Adam Reincken über die Schulter zu gucken. Reincken war das Idol einer ganzen Organisten-Generation, und St. Katharinen war schon unter der Ägide Heinrich Scheidemanns – bei dem Reincken gelernt hatte – zum unumstrittenen Orgelzentrum Europas herangewachsen. Besonders die viel gerühmte Improvisationskunst des Meisters hatte es Bach angetan.

Als Bach dann zwei Jahrzehnte später wieder nach Hamburg kam, um sich als Organist an St. Jakobi zu bewerben, stattete er dem schon hochbetagten Reincken erneut einen Besuch auf der Grimm-Insel ab und ließ sich, wie der Bach-Sohn später notierte, »daselbst (...) auf der schönen Catharinenkirchen Orgel, mit allgemeiner Verwunderung mehr als 2 Stunden lang hören. Der alte Organist in dieser Kirche (...) der damals bey nahe hundert Jahre alt war, hörete ihm mit besondern Vergnügen zu, und machte ihm, absonderlich über den Choral: An Wasserflüssen Babylon, welchen unser Bach, auf Verlangen der Anwesenden, aus dem Stehgreife, sehr weitläuftig, fast eine halbe Stunde lang, auf verschiedene Art (...) ausführete, folgendes Compliment: Ich dachte, diese Kunst wäre gestorben, ich sehe aber, daß sie in Ihnen noch lebet.«

Und wie diese Kunst in Bach weiterlebte und in welcher Großartigkeit sie sich in ihm noch entfalten sollte!

Leider nicht in Hamburg; denn aus der Bewerbung, die Johann Sebastian Bach in der Jakobikirche abgeliefert hatte, weil ihn die herrliche Arp-Schnitger-Orgel reizte und begeisterte, wurde nichts. Das Genie aus Sachsen, nicht nur mit musikalischer Begabung, sondern auch mit Kindern reich gesegnet, konnte das vom Kirchenvorstand eingeforderte »Gratial« nicht aufbringen, um sich einzukaufen, und musste seine Bewerbung zurückziehen.

Kohle hatte Vorrang vor der Kunst! So war es hanseatischer Brauch.

Auch der Jakobi-Hauptpastor Erdmann Neumeister war sauer und wetterte in einer Strafpredigt gegen die Entscheidung: Er glaube »gantz gewiß, wenn auch einer von den Bethlehemitischen Engeln vom Himmel käme, der göttlich spielte und wollte Organist zu St. Jacobi werden, hätte aber kein Geld, so mögte er nur wieder davon fliegen«.

So flog auch der große Bach den Hamburgern davon!

Können und dürfen Heilige Schadenfreude empfinden? Katharina hätte allen Grund gehabt, über die Borniertheit der Konkurrenz von der Steinstraße ein bisschen zu frohlocken, wie das in himmlischen Gefilden von Zeit zu Zeit üblich sein soll.

Wenig zu frohlocken gab es in den Jahren der »Franzosenzeit«, als der napoleonische Marschall Davout 1813 neben anderen Hauptkirchen auch das Gotteshaus der heiligen Katharina als Pferdestall entwürdigen ließ. Katharina hätte allen Grund gehabt, sich darüber zu empören. Aber sie war ja eine Frau, dazu eine schöne, und deshalb wählte sie eine subtilere Form der Gegenwehr.

Ob das aber ausreicht, sie – wie Hamburgs Bischöfin Maria Jepsen an der Schwelle zum dritten Jahrtausend es gern hätte – zur »Hamburger Heldin« zu promovieren? Oder war es letztlich nur ein verzweifelter Versuch, der Frauen-Power neuen Auftrieb zu geben und die Frauenquote in der Walhalla zu verbessern?

Tatsache jedenfalls ist: St. Katharinen entwickelte sich in den Jahren zwischen 1806 und 1813 zu einer Art Protestzentrum gegen die französische Besatzungsmacht.

Im Kirchspiel und bald auch darüber hinaus sangen die Leute ein Lied, das man für ein simples Volksliedchen halten konnte, und dessen Text sich auch recht harmlos anhörte. Um dahinterzukommen, was eigentlich gemeint war, musste man Plattdeutsch können, und das verstanden die Franzosen natürlich nicht. So konnten die Besatzer denn auch mit den gefällig verpackten Andeutungen nichts anfangen, die gegen sie verbreitet wurden.

Da war zunächst das Pseudonym für den lieben Gott, der als »Jan Hinnerk« in der Lammerstroot wohnte, also dort oben, wo die Schäfchenwolken ziehen, und der dort machen konnte, was er wollte. Nur immer schön Stillschweigen sollten unsere Hamburger bewahren, denn die französischen Spitzel lauerten ja überall. Aber Jan Hinnerk, der ja alles kann, baute sich ein »Geigeken«, nach deren Melodie er sie alle tanzen ließ, die sich in den Koalitionskriegen seit 1792 mit Frankreich herumgeprügelt hatten: Den Hollandsmann, der so herrlich »Gottsverdori« fluchen konnte, den Engelsmann und den Spanischmann, die ihm in ihren unflätigen Schmähungen nicht nachstanden. Dann baute sich Jan Hinnerk einen Napoleon, obwohl ja einer schon zu viel war, der in seiner Maßlosigkeit immer nur schrie »Ick bün Kaiser«.

Da galt es gegenzusteuern, und der liebe Gott schuf den Hanseaten. Und der hatte das Rezept für die Befreiung seiner Mithanseaten parat: »Sla em doot, sla em doot, sä de Hanseat!« Und das war es, was die Hamburger hören wollten, auch wenn es keine Chance gab, die Fantasie in die Realität zu hebeln. Aber irgendwie wird es die gequälte hanseatische Seele befreit haben.

Damit die Hamburger auch nicht vergessen konnten, wem sie den Akt der inneren Befreiung zu verdanken hatten, wurde in dem Liedchen noch hinterfragt, welcher von Jan Hinnerks Gefolgsleuten die Hand im Spiel gehabt haben könnte. Und wer war's? Natürlich die heilige Katharina, die Tochter des Allgewaltigen aus der Lämmerstraße, denn »sien Deern, de heet Katrin«.

»Zur Erweckung christlicher Andacht«:
Von den Pflichten der Turm- und Sturmtüter

Der brave Turmbläser, der bis auf den heutigen Tag täglich seinen Choral aus vollen Backen vom Turm des »Michels« in alle Himmelsrichtungen bläst, ist schon etwas in die Jahre gekommen, aber er ist zweifellos ein höchst ehrenwerter Mann. Auch wenn ihm die klirrende winterliche Kälte dort oben ab und zu mal die Töne im Trompetenrohr gefrieren lässt, sodass gelegentlich Schräges herauskommt, so hat er doch als liebenswerte Hamburgensie unser aller Zuneigung und Wertschätzung verdient!

Die verbale Ehrenrettung ist geboten, weil das nicht zu allen Zeiten so war. Die »Thürmer«, so konstatiert Hamburgs Stadtarchivar um die Mitte des 19. Jahrhunderts, seien deshalb vielfach für unehrenhaft gehalten worden, weil man aus Gründen einer sonst an sich lobenswerten Sparsamkeit die Beaufsichtigung fester Türme gelegentlich den Scharfrichtern übertrug, die ihrerseits einen Knecht mit dieser Aufgabe beauftragten. Da lag es nahe – wiederum im Interesse der Kostenersparnis – solche Türme gleichzeitig auch als Gefängnisse zu nutzen. Und deren Aufseher genossen nun einmal als niedere Helfer der Justiz kein allzu hohes Ansehen: Ihre Missachtung rangierte gleich hinter der des Scharfrichters.

In Hamburg scheint dies alles weniger konfliktträchtig gewesen zu sein als in vielen anderen Städten, jedenfalls lassen sich dafür keine Belege finden. Im Gegenteil. Dem populärsten Gefängnis stellten die Chronisten sogar ein mehr als gutes Zeugnis aus: Am Winserbaum, wo der nördliche Mündungsarm der Bille in die Elbe fließt, stand ein altes Stadttor, dessen Turm die Hamburger ihre »Roggenkiste« nannten, weil das Gebäude als Kornspeicher genutzt wurde, bevor es die Justizverwaltung zum Gefängnis für leichtere Fälle machte. Dieser markante Turm war das berühmteste Hamburger Gefängnis. Bis zu seinem Abriss im Jahr 1832 wurde es von einem Regiments-Gewaltigen der hiesigen Garnison befehligt.

Die Chronik weiß über ihn lobend zu berichten, er habe seine Gefangenen weitaus besser geleitet als den auf der Spitze des Turms paradierenden Meeresgott Neptun, dem in der furchtbaren Kälte eines sibirischen Winters ein Arm abgefroren und dadurch der Dreizack als Zeichen seiner Würde herabgefallen sei.

Für die Hamburger ließ sich denn auch kein vernünftiger Grund finden, warum sie ihrem »Thürmer« nicht den ihm gebührenden Respekt entgegenbringen sollten. Immerhin »tütete« er zur Warnung der Bürger bei allen möglichen Gefahren, wie beispielsweise Feuer und Sturmfluten. Für das Gemeinwohl der Stadt war er unentbehrlich!

Was zu seinen vornehmsten regelmäßigen Pflichten gehörte, ist der Bestallungsurkunde eines Turmmannes namens Christoph Schumann aus dem Jahr 1729 zu entnehmen: Er sollte nachts um drei Uhr, vormittags um zehn und abends um neun Uhr »Gott dem Allmächtigen zu Ehren wie zur Erweckung christlicher Andacht (...) einen geistlichen Psalm mit allem Fleiße abblasen und sich allerwege dermaßen hören lassen, dass Herren wie Geschworene, auch die ganze Gemeinde und übrige Bürgerschaft ihr aufrichtiges Wohlgefallen daran haben mögen«.

Er sollte ferner auch des Nachts »Acht und Wacht« haben und durch seine »Adjuncto«, also seine beigeordneten Gehilfen, alle Viertelstunde das gewöhnliche Tützeichen vernehmen lassen. Darüber hinaus hatte er auch sein »Logiement« auf dem Turm reinlich zu halten. Und er musste – auch das ganz im Sinne der stets auf Einsparungen bedachten Ratsherren – bei Kirchenmusiken gratis mitblasen.

Das war ein ganz hübscher Aufgabenkatalog, und die Hamburger scheinen sich dessen bewusst gewesen zu sein. Jedenfalls gibt es ein eindringliches Beispiel rührender Anhänglichkeit. Denn als 1667 Pastor Grosse zu St. Katharinen seinen »Thurmtüter und Sturmtüter« von der Kanzel herab wegen dessen Sauferei ins Gebet nahm, ihn also gehörig »abkanzelte«, damit dieser nicht auch »fürderhin seine Betrunkenheit in garstigen Mißtönen über die ganze Stadt ausblase«, da haben sich die Hamburger in überzeugender Solidarität für den guten Mann ins Zeug gelegt.

Sie wussten ja, was sie ihm schuldeten. Und zu viel zu trinken, das war in ihren Augen ohnehin keine Schande. Das taten sie selbst oft und gern.

Hamburgs »Schicksalskirche«:
Zielflugorientierung für die Operation Gomorrha

Gibt es eine Hamburger Kirche, die enger mit der Geschichte dieser Stadt verwoben wäre als Sankt Nikolai? Man wird sie schwerlich finden!

Gut, andere mögen in ihrer architektonischen Ästhetik vielleicht attraktiver sein als diese. Sie sprechen vielleicht eher die sentimentale Seite des Elbhanseaten an und sind häufiger besungen worden. Sie bergen unter Umständen mehr weltliche Geheimnisse, haben brillantere Predigten oder größere Orgelbaumeister erlebt. Alles dies mag St. Nikolai im Vergleich mit ihren Konkurrentinnen ein bisschen ins Hintertreffen geraten lassen.

In einem Punkt aber wird ihr keine andere Kirche den Anspruch auf den uneingeschränkten Respekt und die Zuneigung der Hamburger streitig machen können: Keine darf sich so sehr mit dem Ehrentitel einer »Schicksalskirche« schmücken wie dieses Gotteshaus, das nicht nur Hamburgs Aufstieg zum Elbhafen symbolisiert, sondern auch in den bittersten Stunden dieser Stadt eine schicksalhafte Rolle gespielt hat.

Die physische Existenz St. Nikolais dokumentiert sich heute zwar nur in einer Turmruine, aber ihre außerordentliche geistige Potenz, die das Bewusstsein der Stadt mitgeprägt hat, ist nicht zu bestreiten. Sie ist das beeindruckende Zeugnis einer über 800 Jahre währenden Kraft, die mit der Entwicklung der Stadt in einer eigentümlichen Wechselbeziehung gestanden hat.

St. Nikolai ist nicht etwa in das Schicksal Hamburgs hineingewachsen – sie entstand an einer der wichtigsten Wendemarken der Geschichte, und sie hat den Aufstieg Hamburgs auf dem Weg zum Welthafen wesentlich mitgeprägt.

Graf Adolf III. hatte in der zweiten Hälfte des 12. Jahrhunderts eine Meisterleistung mittelalterlichen Managements abgeliefert, als er einen Kontrapunkt zu der in Engstirnigkeit erstarrten bischöflichen Altstadt gesetzt hatte. Den Standort für die Verwirklichung seiner Pläne hatte er mit Bedacht gewählt: das Gelände der inzwischen verfallenen Neuen Burg in der Alsterschleife westlich des bischöflichen Hamburg, das im Zuge der Entwicklung zur Altstadt wurde. Es gab keinen besser geeigneten Platz für den Bau einer Hafensiedlung als diese Alsterniederung. Die Methoden, mit denen Graf Adolf die Sache anging, waren ebenso genial wie fortschrittsorientiert: Er schloss einen Vertrag mit einem Unternehmer namens Wirad. Der Mann hatte in Boizenburg als Zolleinnehmer für Heinrich den Löwen gearbeitet und dabei wertvolle Verwaltungserfahrung gesammelt.

Wirad motivierte eine Gruppe von etwa 50 bis 80 Kaufleuten zur Ansiedlung in seiner »gräflichen Neustadt«. Er räumte ihnen bis dahin nicht gekannte Privilegien ein: Baugelände ohne Grundzins, erhebliche Grund- und Bodenflächen zur freien Verfügung sowie Nutzungsrechte für die benachbarten Marschen. Die Neugründung sollte mit einem weitgehenden Marktrecht ausgestattet werden, und – das war wohl die wichtigste Entscheidung – in ihr sollte das als besonders fortschrittlich geltende Lübische Recht für Ordnung sorgen.

Das war auch die Geburtsstunde der Nikolaikirche. Die Kaufleute und Seefahrer baten Graf Adolf, wegen des starken Zustroms von Schiffen und Schiffsvolk eine Kapelle zu Ehren des Heiligen Nikolaus errichten zu dürfen. Nikolaus, in jungen Jahren selbst Seemann, war der Schutzpatron aller Fahrensleute. Dem Grafen war klar, dass er den nach Hamburg ziehenden Menschen aus den westlich gelegenen Regionen wie Holland und Flandern, Friesland und Westfalen Anreize bieten musste, die ihnen über weltliche Privilegien hinaus auch eine geistige Heimat geben konnten.

Zugleich hoffte er mit einer solchen Kirchengründung auch seine eigene Machtposition gegenüber dem misstrauischen Domkapitel zu stärken, das sich durch die Nikolaikirche brüskiert sah. Vor allem auch deshalb, weil Schenkungen und Stiftungen jetzt direkt an das neue, bald wohlhabende und selbstbewusste Kirchspiel flossen und damit der Kontrolle der Dom-Geistlichkeit entzogen waren. Adolf III. war aber klug genug, es nicht auf eine direkte Konfrontation ankommen zu lassen; denn er wusste, dass die Öffnung Hamburgs nach Westen, also zum Meer hin, der wohlwollenden Duldung des Klerus bedurfte.

1189 war das Gründungsdatum der Neustadt – heute noch alljährlich als Hafengeburtstag gefeiert –, und schon sechs Jahre später wurde die kleine Nikolai-Kapelle geweiht. Es dauerte nur ein halbes Jahrzehnt, bis sie wegen der rasanten Zunahme der Bevölkerung erweitert und zur Pfarrkirche erhoben wurde.

Kein Gotteshaus ist enger mit dem Aufstieg Hamburgs verbunden als diese »Schicksalskirche«. Und keines hat ein deutlicheres Zeichen in jenen Jahren gesetzt, als der geistige und geistliche Sturm einer neuen Zeit Europa überrollte, den Martin Luther durch seine Thesen von einem neuen Verständnis christlichen Glaubens entfacht hatte. Während sich der Hamburger Rat noch überlegte, in welchen Wind er sein Mäntelchen hängen sollte, um nicht am Ende auf dem falschen Bein »Hurra!« zu schreien, machte sich St. Nikolai in der Hansestadt zum Vorreiter der Reformation.

Nicht im Sinne eines großartigen visionären Anspruchs, sondern ganz pragmatisch und an den Bedürfnissen der Menschen orientiert, ganz so, wie es solidem Kaufmannsgeist und rechtschaffenem Handwerkerdenken entsprach: Die Reformation – das war neben vielem anderen auch der Entwurf einer neuen Sozialordnung. Die mittelalterliche Sozialfürsorge hatte sich bis dahin auf eine hübsch verzierte Holzkiste mit dem Ehrfurcht einflößenden Namen »Gotteskasten« beschränkt. Dieser Kasten stand für ein Stück sozialer Verantwortung für die Schwachen und Bedürftigen. Viel zu wenig natürlich, gemessen an der Armut der

Zeit. Und wohl auch nicht immer optimal verteilt. Wie sonst hätte der wortgewaltige Lutherfreund Johannes Bugenhagen predigen können, das wahrhaft gottgefällige Werk der Nächstenliebe sei es nicht, das Geld für eine üppige Totenmesse auszugeben, sondern es den hilfsbedürftigen Lebenden zugute kommen zu lassen? St. Nikolai stellte sich damit an die Spitze eines neuen Sozialverständnisses, lange bevor andere auf diese Linie einschwenkten.

Hamburgs Schicksalskirche war St. Nikolai im besonderen Maße, als 2700 Kampf- und Bombenflugzeuge im Juli 1943 Kurs auf die Metropole mit den Koordinaten 10 Grad Ost und 53,7 Grad Nord steuerten, um dem alttestamentarischen Gomorrha eine weltliche Variante hinzuzufügen: Die alliierten Verbände flogen ihren Vernichtungsangriff unter dem Codewort »Operation Gomorrha« und luden Tausende von Brand- und Sprengbomben sowie unzählige Phosphorkanister über der Stadt ab, um einen bis dahin nicht erlebten »Feuersturm« zu entfachen. St. Nikolai spielte dabei ungewollt eine verhängnisvolle Rolle: Den anfliegenden Bomberverbänden diente der mit 147 Metern höchste Turm der Stadt als Zielorientierung für das zerstörerische Werk, das Hamburg nach mehr als tausendjähriger Existenz auslöschen sollte.

St. Nikolai als Hamburgs Schicksalskirche – auch in der schrecklichsten Erinnerung an eine von Menschen gemachte Katastrophe, an die heute der mit großem Aufwand sanierte Turm als »Zeigefinger Gottes« eindringlich mahnt!

Ein geistliches Zuchthaus mit Ausblick auf den Kiez:
»Wo ist ein Räumlein für die Jugend«?

Nur einen Steinwurf von der vermeintlich sündigsten Meile der Welt entfernt, hat der liebe Gott eines seiner Verkündigungsbüros errichten lassen: Hamburgs prominenteste Kirche, Identifikationssymbol ganzer Seefahrergenerationen, Wahrzeichen der Stadt und wirksamstes Pharmazeutikum gegen hanseatisches Heimweh, die schönste Barockkirche Norddeutschlands für die einen, liebevoll titulierter »Michel« für die anderen.

Die Geschichte hat wie so oft eine Vorgeschichte: Auf dem Michaelisfeld am Rande der Hamburger Neustadt herrschte an einem sonnigen Apriltag des Jahres 1649 eine drangvolle Enge. Sogar auf die Dächer der umliegenden Häuser sollen die Hanseaten geklettert sein, um besser sehen zu können, was an diesem Tag am Krayenkamp geschah: Dort legte Bürgermeister Moller zusammen mit zwei anderen Honoratioren den Grundstein zu einer neuen Kirche, die einmal Hamburgs Wahrzeichen werden wird.

Zwar war noch nicht die Rede vom »Michel«, sondern von der »neuen Krayenkampskirche«. Aber das Programm stand schon: Von dem Neubau erhoffte sich der populäre Seelsorger Jodocus Edzardi Glanaeus nicht nur eine Lösung der Platznot in der Gemeindekirche am Teilfeld, sondern auch eine »moralische Erneuerung« seiner Gemeinde. »Es wird seyn das geistliche Zuchthaus«, predigte er am Tag der Grundsteinlegung, »darinnen unsere bisher ausgedrengte, und daher etwas verwilderte Jugend in der Zucht und Vermahnung zum Herrn erzogen werden kann.«

Gerade einmal 43 Jahre waren vergangen, seit man an die »Michaeliskapelle« des Teilfeld-Friedhofs eine Kirche mit immerhin 720 Plätzen angebaut hatte. Doch schon zehn Jahre später kam es am Rande der Neustadt zu einer Bevölkerungsexplosion. Die einen kamen aus Not, die anderen zum Vergnügen. Aus dem Umland mussten Scharen von Menschen während des Dreißigjährigen Krieges in den Schutz der Festungswälle flüchten, während die wohlhabenden Hamburger Bürger aus der Altstadt zu ihrer Erholung am Stadtrand Zweitwohnsitze und »Lusthäuser« errichteten.

Der damals wegen der guten Luft beliebte Großneumarkt entwickelte sich zum ersten Hamburger »Naherholungsgebiet«. Während des Neubaus der späteren großen Michaeliskirche wurde auf diesem Platz ein hölzerner Glockenturm als Notbehelf aufgebaut, der 1782 wieder abgebrochen wurde.

Durch den Bevölkerungszuwachs wuchs die frühere Dependance des Nikolai-Kirchspiels am Rand der Hamburger Neustadt zu einer Gemeinde mit annähernd 10.000 Schäfchen heran. Die kleine Kirche des Magisters Glanaeus fasste aber nach wie vor nicht mehr als 1000 Personen – zu wenig in einer

Zeit, in der die Bevölkerungszahl eins zu eins der Zahl der Kirchgänger entsprach. Sogar Verletzte soll es hin und wieder im Gedränge nach der Predigt gegeben haben.

In seiner »Tempelpredigt« meldete Edzardi Glanaeus 1646 Kritik an den bestehenden Verhältnissen an: »Wo ist der Raum, das liebe Wort Gottes zu hören? Wo ist ein Räumlein für die Jugend?« Dieser Raum, so verkündete der Prediger den gedrängt stehenden Menschen, müsse erst noch gebaut werden: »Darumb liebe Christen, greiffet zum Bau, seyd im Werke nicht schläfrig, sondern recht eyferrich, in der Gabe nicht filzig, sondern recht mildthätig.«

Die Hamburger zeigten sich mit ihren Gaben alles andere als »filzig« und spendeten so viel, dass schon drei Jahre später der Grundstein zum Großbauprojekt St. Michaelis gelegt werden konnte.

Der Altonaer Bildhauer und Tischler Christoph Corbinus lieferte Entwürfe und betreute den Neubau bis zu seinem Tod im Jahre 1652. Danach übernahm der Zimmermann Peter Marquard die Bauleitung. Neun Jahre später war der Bau vollendet: Eine dreischiffige Hallenkirche mit Kreuzgewölben, aber ohne Querhaus; reicher barocker Schmuck zierte das Portal. Der markante, aus mehreren übereinanderliegenden Dachhauben zusammengesetzte Turm dominierte durch seine Größe die Umgebung und kündete weithin sichtbar vom Selbstbewusstsein der neuen protestantischen Gemeinde St. Michaelis, die sich nach und nach von der Vorherrschaft des St. Nikolai-Kirchspiels freigestrampelt hatte.

Der Neubau, im Vergleich zur alten Kapelle ein geradezu monumentales Bauwerk, hatte nicht nur den Zweck, die Raumnot zu überwinden, sondern demonstrierte auch die gewachsene Bedeutung der Michaelisgemeinde. Stolz kündet ein in die Turmspitze eingelassenes Gedicht von der enormen Turmhöhe von 123 Metern:

»Hier ist die höchste Spitz'!
Davon man viel behender
als sonst besehen kann
die umgeleg'nen Länder.«

Im März 1750 wurde dem Michel sein hoher Turm allerdings zum Verhängnis. Bei einem Gewitter schlug der Blitz ein und setzte das Gebälk in Brand. Was dann geschah, beschreiben die Verse von Johann Schetelig:

»Der einz'ge Donnerschlag,
Der einz'ge Blitz trifft uns und wirkt ein Ungemach,
das Hamburg nie erlebt – es trifft den schönsten Tempel.
O Schreckens vollster Tag! O trauriges Exempel!
Die Kirche wird zerstört (...)
Ja selbst der heil'ge Schmuck, und was den Priester zierte,
Die Oerter, wo man sonst
Herz und Gewissen rührte,

*Dies alles war der Wuth des Feuers ausgesetzt (...)
Der Erd' und Himmel schuf, sprach mit erzürntem Munde:
Dein schönster Tempel geh, o Hamburg!
Ganz zu Grunde!«*

Bis auf die Grundmauern brannte die Michaeliskirche nieder. Nicht nur der Dichter Schetelig wollte in dieser Katastrophe ein Strafgericht Gottes erkennen, auch die Ratsherren »rührten Herz und Gewissen« und erließen mit einer öffentlichen Verordnung einen allgemeinen Buß-, Fast- und Bettag: »Die Hand des Höchsten hat uns ietzo dergestalt gezuechtigt, daß wir Ursache finden, aufs genaueste zu pruefen, ob wir die genossenen goettlichen Wohlthaten auch zur genuege danckgenehmigst erkannt haben.«

Nach dem verhängnisvollen Naturereignis war man wieder dort, wo man 100 Jahren zuvor begonnen hatte: Bei den Grundmauern des Michels. Schon wenige Wochen nach dem Feuer wurde mit dem Wiederaufbau begonnen. An der Stelle der alten Kirche errichteten die Baumeister Prey, Sonnin und Heumann zwischen 1750 und 1786 den neuen, noch größeren und noch schöneren Michel.

Mürrisch, eigensinnig, unstet und unpünktlich – aber genial:
Ernst Georg Sonnin vollendet den »Michel«

Wenn es gilt, die Gefühle der Hamburger zu mobilisieren, leistet der »Michel« mehr gute Dienste als alle anderen Hauptkirchen zusammen. Zwar ist auch er bei den Gottesdiensten – außer zu Weihnachten – oft nur mäßig besetzt. Aber aus der Ferne wirkt er offenbar Wunder: Vor einigen Jahren kam sogar von einem »Butenhamburger« aus Südamerika eine Millionenspende mit der Auflage, von dem Geld den maroden Kupferhelm unseres Wahrzeichens zu erneuern. Emsig machten sich die Elbhanseaten an die Arbeit, und inzwischen hat das neue Dach schon wieder reichlich Patina angesetzt und leuchtet in schönstem Grün.

Was allerdings nur bei strahlendem Sonnenschein der Fall ist! Dabei bedürfte das Wahrzeichen der Hamburger eigentlich gar nicht der Aufwertung durch irgendwelche meteorologischen Zufälligkeiten. Die Leute lieben ihren »Michel« auch bei dem für die Hafenstadt typischen und damit imageprägenden Nieselwetter.

Die innige Beziehung hatte schon lange vor dem Blitzschlag vom 10. März 1750 begonnen, als der in Flammen stehende Turm aufs Kirchendach stürzte und dadurch den ganzen Bau in Schutt und Asche legte. Was einem eiligst gedruckten Flugblatt zufolge dem, »der nur die allergeringste Empfindung eines Mitleidens bei sich zu spüren fähig war, das Herz in Tränen schwimmen« lassen musste.

Allerdings nicht allzu lange, denn es entspricht der Natur des Hamburgers, seinen Blick nach überstandenen Schicksalsschlägen immer wieder schnell nach vorn zu richten und zuzupacken, wenn es um die Zukunft seiner Stadt und deren architektonischen Glanzstücke ging.

Wem aber wollte man den Wiederaufbau anvertrauen? Die Gemeinde besann sich auf einen aus Thüringen Zugereisten, der 1738 den Bürgereid geleistet und sich schon mit dem Bau der Dreieinigkeitskirche in St. Georg einen Namen gemacht hatte. Die war bei Weitem nicht so groß, aber sie sah doch ungefähr so aus, wie man sich die neue Große St. Michaeliskirche eigentlich vorstellte.

Johann Leonhard Prey, gelernter Steinmetz, war aber nur einer der Protagonisten beim Bau des Michels. Als Handwerker war er untadelig, aber vielleicht mangelte es ihm an Fantasie für den ganz großen architektonischen Wurf. Für den stand Ernst Georg Sonnin, mit dem sich Prey die Verantwortung für den Bau zunächst partnerschaftlich teilte.

Doch irgendwie scheint die Chemie zwischen den beiden Männern nicht gestimmt zu haben. Insbesondere über neue Baumethoden gab es zwischen den beiden oft Streit – bis Prey die dauernden Auseinandersetzungen 1757 höchst nachhaltig beendete, indem er sich von dieser Welt verabschiedete und starb. Fortan hatte Sonnin freie Hand, und er entledigte sich seines Auftrags mit Bravour.

Welch ein großartiges Werk dabei herausgekommen ist, muss man einem Hamburger nicht erklären. Obwohl die meisten bei der Frage nach »dem Michel« immer zuerst an den unverkennbaren, die Stadtsilhouette so eindrucksvoll bereichernden Turm denken, den Sonnin erst ein knappes Vierteljahrhundert nach der Einweihung der Kirche »nachgeliefert« hat: 1785 war das Bauwerk vollendet.

Weil der Turm mit seiner charakteristischen, von Säulen getragenen Kuppelhaube so gut gelungen war, ließen sich die Hamburger von Schicksalsschlägen niemals entmutigen und bauten das barocke Meisterwerk nach den alten Plänen originalgetreu wieder auf, wenn es zerstört wurde – wie zuletzt 1906, als das Wahrzeichen aus ungeklärter Ursache niederbrannte.

Dem Baumeister, dem unsere Stadt das »Ereignis« St. Michaelis verdankt, war diese Karriere nicht in die Wiege gelegt. Geboren wurde er 1713 in der Nähe des brandenburgischen Perleberg. Als er im Alter von zwölf Jahren seinen Vater verlor, gab ihn die Mutter in die Obhut eines Freundes der Familie, des Konrektors am Christianeum in Altona, der sich um die Ausbildung des Halbwaisen kümmerte. Bemerkenswert ist die enge Freundschaft, die Sonnin mit dem Lehrburschen einer Töpferei verband: Von ihm erwarb Sonnin wichtige Kenntnisse in der Kunst des praktischen Zeichnens. Im Gegenzug unterrichtete er den Freund, dem er zeitlebens verbunden blieb, in Mathematik, bevor er selbst in Halle und Jena das Studium der Theologie und später der Mathematik aufnahm.

In seiner Altonaer Zeit hat sich Ernst Georg Sonnin als außerordentlich fantasiebegabter Tüftler erwiesen; er verdiente sich zeitweise seinen Lebensunterhalt durch die Produktion »kunstfertiger Gerätschaften« wie Pendeluhren, Erd- und Himmelskugeln und sogenannten Nivelliergeräten, mit denen Höhenunterschiede bei der Landvermessung bestimmt wurden. Er hatte auch ein kompliziertes, in seinen Spazierstock eingebautes Gerät entwickelt, mit dem man Winkel in der Horizontal- und Vertikalfläche messen konnte.

Ein solcher Mann, der sich auf der Straße stets mit einem Degen an der Hüfte sehen ließ, musste sich in der Stadt schnell den Ruf eines Sonderlings einhandeln. Sonnin war nicht nur in seinem physischen Erscheinungsbild ein skurriler Mann mit einem Hang zur Hypochondrie und voller Widersprüche. Zeitzeugen schildern ihn als eigensinnig, unstet, nachlässig und unpünktlich. Er war zeit seines Lebens verschuldet, aber er genoss den Ruf eines begabten »Mechanikus«, dessen Fähigkeiten sich mit einem sicheren Gespür für Ästhetik verbanden.

Und mit seiner Genialität als Baumeister hat er uns ein einzigartiges Wahrzeichen geschenkt, eben die St. Michaeliskirche, die als »Michel« in seichten Liedchen häufiger besungen wurde als jede andere Kirche in der Welt.

Was Ernst Georg Sonnin zu einem Solitär unter den Architekten macht, ist eine Leidenschaft, die es ihm erlaubte, seine Profession als Turmbaumeister mit seinem Interesse für Astronomie zu verbinden. Er hatte es sich in den Kopf gesetzt, den genauen Standort seiner Michaeliskirche zu kennen. Nicht den topografischen am Krayenkamp, einen Steinwurf östlich der Englischen Planke. Den kannte er ja zur Genüge. Was den unermüdlichen Tüftler brennend interessierte, war der geografische Standort.

Aber bei dieser Suche stocherten noch um die Mitte des 18. Jahrhunderts alle Sternengucker ziemlich ratlos im Nebel herum. Trotz der Beobachtungen, die der dänische Astronom Tycho Brahe schon 200 Jahre zuvor gemacht hatte, als er auf Einladung seines Freundes Heinrich Rantzau auf dessen Schloss in Wandsbek die Position Hamburgs zu berechnen versucht hatte.

Zur Zeit Sonnins kannte die Wissenschaft immerhin schon ein Netz von Längen- und Breitengraden, die man über den Globus gezogen hatte. Aber die Berechnungen, die dazu angestellt worden waren, erwiesen sich immer wieder als unzuverlässig. Dabei erlaubte der Stand der Sonne und des Polarsterns schon eine recht sichere Bestimmung der geografischen Breite.

Bei den Längengraden haperte es hingegen einstweilen noch. Sie definieren sich und einen auf ihnen liegenden Ort nämlich aus dem Stand der Gestirne zu einem bestimmten, möglichst exakt zu ermittelnden Zeitpunkt. Dazu bedarf es allerdings zuverlässiger Chronometer, über die weder Tycho Brahe noch Ernst Georg Sonnin zeitlebens verfügten.

So ging denn auch die Voraussage über eine Sonnenfinsternis anno 1764 daneben. Der »Hamburgische Correspondent« hatte jubelnd berichtet: »Dieses vielen Tausenden so angenehme Schauspiel ist (...) auch auf dem Thurm zu St. Michaelis von dem Herrn Baumeister Sonnin mit vielem Fleiß und Genauigkeit beobachtet worden.«

Leider deckten sich die Beobachtungen nicht mit den Voraussagen, die Sonnin gemacht hatte. Anstelle der prophezeiten Großen Sonnenfinsternis bekam das Publikum nur eine partielle Verdunkelung zu sehen. Ein sachkundiger Zeitgenosse notierte: »Die Zeitbestimmung, das aller Hauptsächlichste was hier erforderlich, war zweifelhaft, das heißt der Gang der beiden Pendeluhren, die bei der Observation gebraucht wurden, harmonirte schlecht, und es ging daraus hervor, daß die Beobachtungen der Culmination der Sonne, vor, bei und nach der Hauptobservation, nachläßig und fehlerhaft geschehen seyn mussten.«

Mehr Glück hatte Sonnin vier Jahre zuvor bei seinem Bemühen, die genaue Lage seiner Kirche zu ermitteln. Jedenfalls kam er ziemlich dicht heran: Bei der geografischen Breite lag er nur um gerade einmal 200 Meter daneben. Bei der geografischen Länge, die aus den erörterten Gründen schwieriger zu finden ist, waren es auch nur 1300 Meter.

Randale um den »richtigen« Glauben:
Ein »ganzer Kerl« und evangelische Hardliner mischen das Volk auf

So richtig friedlich ist es zwischen den Evangelischen und Katholischen im ausgehenden Mittelalter eigentlich nicht zugegangen. Auch in Hamburg nicht. Seit der Rat sein Mäntelchen in den Wind der Lutherleute gehängt hatte, lag immer mal wieder Randale in der Luft. Nur allzu gern nahmen die Elbhanseaten tatsächliche oder vermeintliche Provokationen zum Vorwand, um mal wieder kräftig aufeinander einzuprügeln. Wenn es um den Glauben ging, verstanden sie keinen Spaß. Und mit der christlichen Nächstenliebe war es auch nicht weit her!

Zuweilen genügte ein kleiner Funke, um das Pulverfass zur Explosion zu bringen. Manchmal allerdings war der Anlass auch schon handfester. Besonders, wenn eine Frau ihn auslöste, dazu eine, die sich zwischen Alster und Elbe den Ruf eingehandelt hatte, ein »ganzer Kerl« zu sein.

Dieser ganze Kerl war die Tochter des Schwedenkönigs Gustav Adolf. Als Christine hatte sie 22 Jahre lang auf dem Königsthron gesessen, bevor sie zugunsten ihres Vetters abgedankt hatte, der Karl X. von Schweden wurde. Christine konvertierte 1655 zum Katholizismus und war damit vom mächtigen Thron der Wasa hinunter in die Bedeutungslosigkeit abgestiegen.

Christine war eine ebenso merkwürdige wie bemerkenswerte Person: Ehelos, aber schon in jungen Jahren so gelehrt und wissensdurstig, dass der große René Descartes sich »an ihrem Hof zu Stockholm den Tod in die Lungen philosophierte«, wie einer ihrer Biografen anmerkt, »weil er trotz eisiger Winterkälte jeden morgen um fünf Uhr mit ihr philosophieren musste«.

Die adlige schwedische Dame war ein »derbes Mannweib«, wie man in Hamburg sagte, das sich nicht nur wie ein Mann kleidete, sondern mit Vorliebe Zoten riss, die in jede Seemannskneipe gepasst hätten. Überliefert ist ihr Ausspruch, sie wolle nicht, dass ein Kavalier mit ihr umgehe wie der säende Landmann mit seinem Acker, und sie bleibe deshalb lieber unbemannt. Aber vielleicht wollte ja auch keiner. Obwohl die Dame recht vermögend war, wie es Königstöchter manchmal eben sind. Am Krayenkamp besaß sie ein stattliches Gartenhaus mit Stallungen.

Das alles hätten die Hamburger wohl halb bewundernd, halb belustigt akzeptiert. Was ihnen missfiel, waren die von Christine ausgehenden ständigen Provokationen, denn immer wieder pries sie die Vorzüge ihres katholischen Glaubens.

Zur Eskalation kam es, als Christine die Hamburger am 15. Juli 1668 zu einem opulenten Fest einlud, weil ihr guter Freund Kardinal Rospigliosi als Clemens IX. zum Papst gewählt worden war. Den Hamburgern war der Anlass ziemlich egal. Sie interessierte das Fest, das Christine vor ihrem Haus angekündigt hatte; ein Fest mit Springbrunnen, Böllerschüssen, Illumination und Wein satt für alle. Wein satt war allemal ein zugkräftiges Argument.

Als das Volk so richtig schön abgefüllt war, machte Christine das, wovor sie ihre Freunde eindringlich gewarnt hatten: Auf dem Giebel ihres palastartigen Gartenhauses ließ sie eine aus Fackeln gebildete päpstliche Tiara mit den Schlüsseln darunter erleuchten und dazu in Flammenschrift ein Hoch auf den neuen Papst: »Es lebe der Pontifex Maximus«. Dazu ließ die religiöse Eiferin Bilder präsentieren, auf denen der Papst die evangelische Ketzerei mit Füßen trat.

Damit war die Lunte gezündet. Das Volk vor dem Haus verstand die Kampfansage, und es kam zum Aufruhr. Steine flogen, Scheiben gingen zu Bruch. Die Bewacher mussten sich in das Haus zurückziehen und die Türen verrammeln. Christine befahl, aus den oberen Fenstern in die Menge zu schießen. Verwundete schrien, wodurch das Volk erst recht aufgebracht wurde. Vom nahe gelegenen Haus eines Zimmermanns holten kräftige Männer einen Schiffsmast und rammten damit das Eingangstor. Da bekam es der »ganze Kerl« doch mit der Angst. In fremden Kleidern floh Christine durch den Garten zum Haus des schwedischen Gesandten.

Nun musste das Stadtmilitär eingreifen, um das Haus zu retten. Der Prinz von Homburg, ein überzeugter Lutheraner, auf den die Hamburger hörten, versuchte die Massen zu beschwichtigen. Schließlich musste Christine einlenken und versprechen, mit 2000 Reichstalern für den entstandenen Schaden aufzukommen. Den besonders Blessierten, »wovon zwey sturben«, war allerdings nicht mehr zu helfen.

Christine beschloss nach diesem für sie bedrohlichen Ereignis, ihren Lebensabend dort zu verbringen, wo sie sich geistlich aufgehoben fühlen konnte: Sie nahm, wie in der Chronik festgehalten ist, »aufs eylfertigste ihre Reise nach Italien« und lebte fortan in Rom.

Damit fehlte zwar ein Aufreger in der Stadt an der Elbe, aber zwischen den Katholischen und den Evangelischen schwelte der Konflikt munter weiter. Und viele orthodoxe Pastoren sorgten in Hetzpredigten gegen die katholischen Pfarrer dafür, dass die Sache auch schön am Köcheln blieb.

Sie konnten sich darauf berufen, dass es ja verboten war, in der streng lutherischen Stadt den katholischen Glauben zu praktizieren und gar öffentliche Gottesdienste abzuhalten.

In der sehr viel liberaleren Nachbarstadt Altona gab es solche Beschränkungen nicht. Dort hatte man Anfang September 1719 allerdings ein anderes Problem: Irgendeine Seuche, die ausgebrochen war, machte größere Versammlungen vorübergehend unmöglich; auch Gottesdienste. Aber die Gläubigen fanden einen pfiffigen Ausweg: Sie versammelten sich am Krayenkamp im Schatten von St. Michaelis. Dort besaß der Kaiserliche Gesandte Graf Adolf von Metsch ein großes und recht repräsentatives Haus. Das war für die Altonaer Katholiken ein

Glücksfall: Sie teilten ja mit Seiner Majestät – damals war das Karl VI. – die Konfession, und alle Gesandtschaften waren exterritorial und mithin dem Zugriff der Hamburger Obrigkeit entzogen.

Das wäre wohl auch eine Zeit lang noch ganz gut so weitergegangen, hätte nicht der Andrang aus Altona ständig zugenommen. Später wird man so etwas »Eigendynamik« nennen. Eine Demonstration war es allemal. Aber es war noch keine Provokation. Für die sorgten die orthodoxen evangelischen Hamburger Pastoren, denen die ganze Richtung nicht passte und die – wohl auch, weil sie der Entwicklung misstrauten und sie fürchteten – das Volk von den Kanzeln herunter gehörig aufhetzten. Auch von der Kanzel unseres ehrwürdigen »Michels«.

Das machte die Lage so richtig schön explosiv: Weil das Gesandtschaftspalais am Krayenkamp wegen des zunehmenden Andrangs zu eng wurde, kam der »Missionär« des Kaisers auf die glorreiche Idee, seinen Altonaer Glaubensbrüdern in seinem Garten eine geräumige Kapelle zu bauen. Das aber sprach sich in der Stadt schnell herum, und es trieb die Evangelischen in Hamburg an den Rand ihrer Geduld. Als die Hardliner am 10. September 1719 in ihrer Sonntagspredigt wieder einmal so richtig vom Leder zogen, brachten sie den stets für Randale empfänglichen Pöbel gewissermaßen auf Betriebstemperatur.

Die Leute zogen johlend und Knüppel schwingend zum Haus des Gesandten. Zuerst demolierten sie die schon fast fertige neue Kapelle und schreckten nicht davor zurück, das aus Sicht der Katholiken heilige Inventar, darunter Messgewänder, Monstranzen und Kelche, zu zerstören. Als es an der Gartenkapelle nichts mehr zu tun gab, vergriff sich die aufgebrachte Menge auch noch am Palais des Gesandten. Alles was nicht niet- und nagelfest war, darunter des Grafen wertvolles Mobiliar, wurde unter dem Jubel des Gesindels aus den Fenstern geworfen.

Der Hamburger Rat bequemte sich erst zum Eingreifen, als der Volkszorn fast schon wieder abgeklungen war. Das war nun aber ein glatter Vertragsbruch, denn die Ratsherren waren verpflichtet, sich schützend vor die Diplomaten zu stellen, die in dieser Stadt die Interessen ihrer jeweiligen Landesherrn vertraten. Im Fall des Kaisers war es sogar ziemlich kurzsichtig: Seinen Beistand benötigte Hamburgs Kaufmannschaft immer mal wieder, um die Schifffahrts- und Handelsgeschäfte zu sichern. Als die Herren im Rathaus merkten, welchen kapitalen Bock sie geschossen hatten, und als sie Wind davon bekamen, wie Seine Durchlauchtigste Majestät in der Wiener Hofburg getobt hatten, sannen sie auf Wiedergutmachung. Im Juni 1721 schickten sie eine Ratsdelegation zu Karl VI., um den Kaiser untertänigst um Verzeihung für die »Majestätsbeleidigung« zu bitten.

Damit war die Sache aber noch nicht aus der Welt. Wer die Gepflogenheiten bei Hofe kannte, der konnte sich ausmalen, dass die Sache für Hamburg teuer werden würde. 200.000 Reichstaler wurden den Hamburgern als Buße aufgebrummt. Und ein neues Gesandtschaftsgebäude mussten die Elbhanseaten auch noch zur Verfügung stellen. Der Gesandte aber saß ja jetzt am längeren Hebel und erwies sich als äußerst wählerisch – als »krüüsch«, wie das die alten Hamburger nannten.

Er lehnte eine Reihe von Angeboten rundheraus als nicht angemessen ab. So erwarben die Hamburger schließlich das (heute noch existierende) Palais des Grafen Görtz am Neuen Wall und ließen es als Residenz für den kaiserlichen Gesandten standesgemäß herrichten. Das kostete noch einmal um die 120.000 Mark.

Es war ein teures Vergnügen, das ein paar orthodoxe Kirchenleute unserer Stadt da eingebrockt hatten! Sie selbst kamen ungeschoren davon. Aber einige der Rädelsführer, die von den geistlichen Herren in ganz unchristlicher Weise aufgehetzt worden waren, wurden auf dem Richtplatz »mit Ruthen ausgestrichen«. Irgendjemand musste ja die Schuld haben!

Der Autor

Geboren 1936 in Hamburg. Mittlere Reife, Schriftsetzerlehre, Abitur am Abendgymnasium. Studium der Politik, Soziologie, Wirtschaftstheorie und Wirtschafts- und Sozialgeschichte in Hamburg und London (Diplom-Politologe). Anschließend Leiter der Presseabteilung des Hamburger Hafens.

1970 Reporter beim Norddeutschen Rundfunk in Hamburg. Von 1980 bis zu seiner Pensionierung Leiter des NDR-Ressorts »Hafen- und hamburgische Geschichte«. Im Rahmen dieser Abteilung verantwortlich für das »Hamburger Hafenkonzert«, die seit 1929 ausgestrahlte älteste noch bestehende Live-Hörfunksendung der Welt.

Seit 1972 rund 140 Buchveröffentlichungen, überwiegend aus den Bereichen Schifffahrt und Regionalgeschichte. In der Edition Temmen erschienen bisher seine »Alstergeschichten« (2. Aufl. 2013), »Elbegeschichten« (2012) sowie zuletzt 2013 seine »Rathausgeschichten«.

Lesen, lernen, lachen – wer Hamburg liebt, liebt auch die Geschichten von Kurt Grobecker!

Rathausgeschichten
Wissenswertes und Amüsantes
aus dem Hamburger Machtzentrum
192 S.
ISBN 978-3-8373-2019-5
9.90 €

Auch als E-Book erhältlich!

Elbegeschichten
Eine Hommage an Hamburgs
Lebensader
176 S.
ISBN 978-3-8378-2024-9
9.90 €

Auch als E-Book erhältlich!

Alstergeschichten
Kleine Laudatio auf Hamburgs
große Liebe
148 S.
ISBN 978-3-8378-2018-8
9.90 €

Auch als E-Book erhältlich!

Weitere spannende und unterhaltsame Hamburg-Geschichten von Hermann Gutmann

Hamburger Bräuche
Ein Lesebuch
128 S.
ISBN 978-3-8378-1104-9
5.00 €

Hamburger Geschichte(n)
oder: Was uns die Bibel verschweigt
116 S.
ISBN 978-3-86108-198-2
5.00 €

Hamburger Sagen
… und andere Merkwürdigkeiten
128 S.
ISBN 978-3-86108-349-8
5.00 €

Hamburg schmunzelt
Von Erzbischöfen, Hansebrüdern und reichlich Essen und Trinken
128 S.
ISBN 978-3-86108-190-6
9.90 €